잠 못들 정도로 재미있는 이야기

KB091013

스즈키 아키라 지음 | **양지영** 옮김

BM (주)도서출판 **성안당**

'전대미문의 역사책이 나왔다'라고 하면 과장일지 모르지만, 이 책은 누구도 본 적이 없을 정도로 파격적이라 할 만하다. 그 이유는 '세계사와 일본사가 혼재해 있다'라고 하기보다 '일본사를 세계사적인 관점'에서 기술하고 있기 때문이다.

'세계사'라는 하나의 타임 테이블 위에 일본사, 중국사, 미국사, 유럽사, 러시아사 등 세계에서 일어난 여러 사건이 나열되어 있다. 지역도 다르고 문화의 질도 다른 여러 사건을 하나의 타임 테이블 위에 나열하는 일은 무모하다는 의견도 있을 테지만, 이런저런 불평을 늘어놓기 전에 책장을 먼저 넘겨보길 바란다. 뭔가 느껴지는 바가 있을 것이다. 전혀 상관없다고 생각했던 사건이나 다른 일이라고 여겼던 일이 연관되어 있거나 관련성 혹은 관계성이 보이기 시작한다.

그렇다. 하나의 지구에서 일어나는 일과 사건은 어떤 형태로든 연관성을 가지고 있다. 그 관련성, 관계성을 계통적으로 배우는 것이 세계사이지만, 종래는 왠지 세분화된 지역의 역사를 추구하는 데만 급급했던 것 같다. 이 책의 집필자인 나 자신도 그런 방법론에 대한 추호의 의심도 없이 역사를 추구해 왔다. 그것만으로도 충분했기 때문이다.

그러나 일본사를 일본 국민의 입장에서 공부할 때 세계사적인 시야로 조감하지 않으면 이해하기 어렵다. 단적으로 말하면, 지금의 일본인은 과거 일본 국민의 의식, 지식, 행동 범위조차 따라가지 못한다. 예를 들어 전전(戰前: 제2차 세계대전이 발생하기 전, 戰後: 발생 후, 이하 전전과 전후로 표기함 - 옮긴이 주)의 일본 국민은 비록 지금처럼 자유롭게 세계를 돌아다니지 못했지만, 확실히 대만, 한반도(원문에는 조선), 만주, 중국, 동남아시아 국가와 지역, 남양 군도를 가깝게 느끼고 있다. 이는 식민지화나 침략 등의 문제와는 아무런 상관이 없다. 일본 국민이 지닌 지리적 감각이고, 생활 감각이고, 세계관이기 때문이다.

인간의 스케일은 각각 다르지만, 지금의 우리는 전전에 비해 작아진 느낌이다. 이 책을 읽고 큰 스케일로 세계를 이해하길 바란다.

2020년 9월 자택 서재에서
스즈키 아키라

제1장

아시아의 자각

제3장

고대 국가의 통일과 분산

제4장

변화하는 아랍 세계와 유럽

대항해 = 식민지 지배의 개막

제6장

근대 국가의 탄생

제8장

전쟁과 혁명의 시대

그림으로
읽는 Q

잠 못들 정도로 재미있는 이야기

세계사

01 토기를 발명하고 문화를 창조한 원시 일본인

세계 최초로 식량 보존과 가공이 목적인 도구·토기를 발명하다

일본의 조몬 문화가 '세계에서 가장 오래된 신석기 문화'라는 것은 틀림없는 사실이고 분명히 기억해야 한다.

1999년 아오모리현 가니타정(青森県蟹田町)에 있는 오다이야마모토(大平山元) 유적에서 출토된 민무늬 토기 탄화물의 연대를 측정해 보니 1만 6540년 전~1만 5320년 전이라는 결과가 나왔다. 방사성 탄소 연대 측정에서는 1만 3780년 전~1만 2680년 전이었는데, 나무, 나이테, 산호 등의 데이터와 조합해서 보정한 것이다.

더욱 정확하고 정밀한 측정 결과가 전자의 연대라고 하면 부정할 이유가 없다. 설사 그렇다고 해도 3,000년이나 되는 차이는 마음이 편치 않다. 후쿠이(福井) 동굴(나가사키현 요시이정, 長崎県吉井町)에서는 조몬 초창기 토기인 손톱무늬 토기가 출토된 지층 밑에서 구석기 문화로는 마지막 석기인 세석기와 함께 덧무늬 토기가 발견되었다. 측정 결과는 1만 2700(±500)년 전이었다.

이 밖에도 센부쿠지(泉福寺) 동굴(나가사키현 사세보시, 長崎県佐世保市)에서는 덧무늬 토기가 출토된 지층에서 콩알무늬 토기가 나오고, 가나가와현 야마토시(神奈川県大和市)에서도 이와 똑같은 토기가 나왔다. 이는 조금도 이상한 일이 아니다. 중요한 점은 종래 세계에서 가장 오래되었다고 말하는 메소포타미아 토기보다 7000~8000년이나 더 오래되었다는 사실이다. 7000~8000년이라는 시간차를 어떻게 생각해야 할까? 이를 위해서는 농업 생산이 시작되고 직물·편물을 만들면서 정주 생활이 시작되었다는 점 등을 종합적으로 파악해야 한다. 이런 조건들이 충족되었을 때 세계에서 가장 오래된 신석기 문화가 되는 것이다.

조몬 유적과 초창기 조몬 토기의 출토 상황

가메가오카 유적
차광기 토우 등의 조몬 말기의 대표적인 토기 다수 출토

하코다테 공항 유적
조몬 초기의 취락터 출토

오유 환상 열석
조몬 후기에 만들어진 동심원 모양으로 안쪽과 바깥쪽에 돌이 나란히 놓임

산나이마루야마 유적
절정일 때는 500명을 넘었다고 추정되는 대취락터로, 대형 굴립주건물터(구멍을 파서 기둥을 세운 건물) 등이 출토되어 전기부터 중기에 걸쳐 1500년이나 이어짐.

나바타 유적
조몬 말기의 수전터 등이 출토

후쿠이 동굴
1만 2700년 전의 덧무늬토기가 세석기와 함께 출토

이타즈케 유적
조몬 말기 수전터와 물수로터 등이 출토

도가리이시 유적
수혈 주거터(땅을 파서 만든 주거지를 발굴. 조몬 중기 취락을 형성함.

우에노하라 유적
50채 가까운 주거와 집석 유구(돌 한두 층을 깔아서 만든 시설)를 동반하는 취락 형태로 정주 생활이 이루어졌음을 보여 주는 조몬 초기의 취락터

센푸쿠지 동굴
덧무늬 토기와 콩알무늬 토기 출토

Column

바다를 건넌 조몬인 - 각 지역에서 발견된 조몬 토기

뜻밖의 뉴스가 있다. 인류학자 니시무라 신지(와세다대학 교수)는 그의 저서인 『세계 고대문화사』(도쿄도)에서 캄차카반도와 베링 해협의 세인트로렌스섬, 러시아의 상트페테르부르크 근처에 있는 라도가호에서 조몬 토기와 매우 흡사한 토기가 출토되었다고 보고하고 있다.

이 사실은 일본 열도와 북아메리카, 러시아가 조몬 시대 이전부터 연결되었다는 가능성을 암시한다. 바다는 자유 왕래를 방해하는 데 장애가 되지는 않았다. 조몬인은 바다를 자유롭게 왕래했다. 2인용 카누나 아웃리거(현외 장치가 붙은) 카누라면 배 위에 작은 집을 실을 수 있다. 장기 선상 생활이 가능했던 것이다.

약 1만 년 전의 일본 정주 취락 가고시마현 고쿠분시(鹿児島県国分市)의 우에노하라(上野原) 유적은 기원전 7500년경에 50채 가까운 주거와 배석 구조를 동반하는 취락 형태였다. 조몬 초기부터 정주 생활을 했다. 아오모리시(青森市)의 산나이마루야마 유적도 거의 비슷하거나 더 큰 규모의 취락(야구장 1개의 크기)이었다. 홋카이도(北海道)의 하코다테 공항 유적지에서도 발견되는 등 계속 실증되고 있다.

02 농업과 도시 국가를 낳은 관개 시설 기술

관개 기술로 스케일이 큰 도시 국가가 출현했다

메소포타미아 문명의 기원은 티그리스강 유역의 마을로, 키르쿠크 동쪽에 있는 조금 단이 높은 평지에서 발견된 취락 자르모 유적이다. 기원전 6500년경, 토기 사용 외에도 보리 재배와 햇볕에 말린 흙벽돌을 사용한 주거지가 확인된다. 정주 생활이 실현된 것이다.

그러나 메소포타미아 문명의 특징인 관개 농업은 아직 시작되지 않았고, 천수 농업이었다. 이것이 기원전 5000년대 중반, 티그리스강과 유프라테스강 유역 중류에 있는 사마라 유적에서 관개 시설을 이용한 농업이 시작된 지 겨우 500년이라는 짧은 시간 동안 하류로 확장된다.

이런 상태를 상징하는 작물이 관개 기술 없이는 자라지 못하는 육조보리, 밀, 재배종 아마의 재배였다. 티그리스강과 유프라테스강 하류, 메소포타미아 남부의 건조 지대에서도 관개 기술을 이용하면 이러한 작물을 생산할 수 있고 농업 생활이 가능하다는 것이 증명된 것이다.

이렇게 개척지가 급속도로 확장되고 대규모의 취락지가 형성되자 지구라트(성전)를 중심으로 한 도시 국가가 출현한다. 이른바 우바이드 문화가 최초 도시 국가를 실현하게 되는데, 이후 신석기 문화의 집대성을 이룬 메소포타미아 문명이 꽃을 피운다.

농경이 가능한 영역이 비약적으로 넓어지고 메소포타미아 중류와 하류의 비옥한 퇴적지로 확장되면서 꽃을 활짝 피운 것이다. 이러한 과정이 햇볕에 말린 흙벽돌의 발명, 지구라트의 건설, 설형 문자의 발명 등 다양한 문화적 요소를 집합적으로 나타내는 개념인 '문명'이라는 용어로 표현된다.

농경의 발전과 사회 기반의 변천

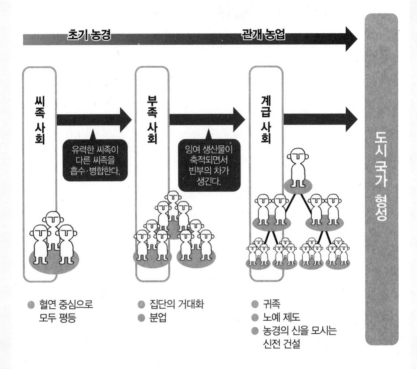

초기 농경   관개 농업

씨족 사회

유력한 씨족이 다른 씨족을 흡수·병합한다.

부족 사회

잉여 생산물이 축적되면서 빈부의 차가 생긴다.

계급 사회

도시 국가 형성

● 혈연 중심으로 모두 평등

● 집단의 거대화
● 분업

● 귀족
● 노예 제도
● 농경의 신을 모시는 신전 건설

Column

현대의 분쟁 지대를 흐르는 **티그리스강과 유프라테스강**

터키 동부 토로스산맥에서 발원하여 터키와 시리아 국경의 동쪽 끝에서 흘러내리고 이라크를 북쪽에서 남쪽으로 가로질러 흐른다. 유프라테스강과 합류한 후에 페르시아만으로 유입되는 티그리스강은 총 길이가 1,850km나 된다.

이 밖에 유프라테스강은 티그리스강의 1.5배, 2,800km. 터키 최대의 호수인 반 호에서 발원한다. 따라서 이 강이 어느 나라의 소유인지 불명확하여 마찰이 그칠 날이 없다.

근대로 들어서면서 메소포타미아 주변 국가들은 강제로 독립했지만, 토착 부족 사회의 생활 습관을 무시한 채 구미 선진국의 형편에 맞게 국경선이 그어지면서 지금도 분쟁이 끊이지 않는다.

정체불명? 수수께끼의 수메르인 티그리스강과 유프라테스강 하류. 메소포타미아 지역의 비옥한 땅에 개척민으로 진출한 수메르인의 뼈가 에리두, 우르, 키시, 우바이드 등에서 발견되는데, 일정한 형질의 인류학적 특징이 나타나지 않는다. 즉, 다양한 인종적 특징을 가진 민족이 혼재했다는 것을 알 수 있다.

03 큰 강 유역에서 꽃을 피운 강 문화의 집합체

속속 밝혀지는 중국 화북·화중의 다원적인 소문화와의 연관성

종래 중국의 역사관에서는 "황허 유역에서 발생한 문화가 각 지역으로 전파되었다"라고 했는데, 1970년대 이후 양쯔강 유역에서 허무두 유적(기원전 6000년~5000년)의 발굴 조사가 진행되면서 이 주장은 수정되었다. 대량의 볍씨와 고상식 주거(지상보다 마루를 높게 만든 건물)가 발견된 것이다.

더욱이 중국 동북부의 랴오허강 주변에도 문화의 흔적을 남긴 유적 발굴이 진행되고 있어서 현재는 '황허강·양쯔강 문명'이라 부르고 ① 랴오허강 유역, ② 황허강 상류·중류·하류로 분류, ③ 양쯔강 상류·중류·하류로 분류되어 각각의 강 문화가 상호 영향을 주고받으면서 독자적인 발전을 이루었다고 인식된다.

더욱이 엎친 데 덮친 격의 빅뉴스는 20세기 후반 쓰촨성 광한시에서 삼성퇴 유적이 발견되고 대량의 청동기가 출토된 것이다. 쓰촨성은 지형적으로 다른 지역과 단절되어 있고 황허강·양쯔강 문명과도 구별되기 때문에 이질적인 문명으로 수용되고 있다. 역사적으로도 중화 문명 사관으로는 파악할 수 없는 '화외(化外, 치화가 미치지 못하는 곳)의 땅'이고, 시야 밖에 있던 땅에서 발견되다 보니 중국 문명에 포함되지 않는다는 견해도 있다.

이러한 발굴이 연속적으로 일어나면서 현재 고고학회에서는 '황허 문명'이라는 용어만이 아닌, '사대 문명(메소포타미아·인더스·이집트·황허)'이라는 용어도 실정에 맞지 않는 사어(死語)로 취급한다는 점도 밝혀 둔다.

이와 마찬가지로 양사오 문화와 룽산 문화가 황허 문명의 중핵을 이루고 중원 지역에 확산되면서 중국 문명의 중심이 되었다는 설명도 사실에 반할 뿐 아니라 잘못되었다는 점도 지적해 둔다.

황허강 문명과 양쯔강 문명의 범위

채도 문화

- 양사오를 중심으로 발달
- 주로 채문토기※를 사용
- 개와 닭을 가축으로 키웠다.

※ 가지무늬 토기

황허강 문명의 영역

흑도 문화

- 룽산을 중심으로 발달
- 주로 흑도※와 회도를 사용
- 소와 말을 가축으로 키웠다.

※ 검은 간토기

랴호허강

황허강 · 룽산 · 양사오

쓰촨성

양쯔강

양쯔강 문명의 영역

황허 · 양쯔

조 · 쌀

Column

중화 사관의 파탄 – 원류가 많고 다양한 고대 중국 문화

1970년대 이후 중국 고고학은 장족의 진보로 기원전 제5천년기의 유적 발굴을 통해 큰 성과를 거두었다. 산둥 방면에서는 양사오 문화와 견줄 수 있는 대문구 문화가 발견되고 양쯔강 하류에서 허무두 유적이 발굴되면서 황허강 중심의 역사관은 전복되었다.

연달아 독자적인 개성을 가진 문화가 실재했다는 사실도 증명되었다. 황허강의 대문구 문화에 이어 허우강 문화, 얼리터우 문화, 양쯔강에서는 취지아링 문화(굴가령 문화), 량저 문화(양저 문화) 등이다.

현재 중국 고고학회에서 연구 중이고 앞으로의 전개를 예상하기 어렵지만, 사실(조사 결과)에 따라 원류가 많고 다양한 문화 상황을 정당하게 평가하는 시점과 방법을 제시해 주길 바란다.

중국 문화는 황허강 유역만이 아니다 PEALE'S REPUBLIC OF CHINA는 중화인민공화국의 영어식 표현인데, 왜 'CHINA'가 '중화'가 될까? 중국에는 춘추 전국 시대 이후 현대에 이르기까지 중국 역대 왕조에 '황허강 문명 지대 · 중원지방 · 세계의 중심'이라는 중화사상이 있기 때문은 아닐까?

04 고대 왕국과 피라미드를 낳은 젖줄, 나일강

상·하 이집트의 양대 세력이 합체한 모체가 형성되다

현대 이집트는 사막 지대라서 사막의 나라처럼 여겨지지만, 옛날부터 '나일강의 선물'이라 불리는 큰 강의 은혜 덕분에 번영이 보장된 기름진 땅이 있는 곡창 지대였다.

매년 7~10월이 되면 나일강의 강물이 늘어나 상류의 비옥한 부엽토의 흙탕물을 운반하기 때문이다. 범람을 반복해 주변의 땅을 비옥하게 만들어 준 덕분에 특별히 비료를 주지 않아도 1년에 2~3회나 수확할 수 있었다. 나일강의 흐름은 티그리스강과 유프라테스강처럼 거칠지 않고 항상 잔잔했기 때문에 고대 이집트인은 필요한 물을 일정한 곳에 저장하는 용수지 시스템으로 관리하여 물로 인한 불편함 없이 각 노모스(행정 구역)에 공정하게 토지를 분배하고 관리할 수 있었다.

이집트에서 사람들이 정주하고 농업을 영위하게 된 것은 기원전 5000년경이고 확실한 농경 흔적은 이후 500년 후에 카룬 호수의 파이윰 문화에서 처음 나타났다. 곡물을 재배하고 양과 산양을 사육했다. 이집트는 이후 상하(나일강 상류와 하류 지역)로 나뉘어 통일되었다.

하이집트는 카이로 주변에서 밀과 보리를 재배하고 말과 양, 돼지, 산양을 사육했는데, 취락의 흔적은 보이지만 도구류는 적었다. 시리아, 키프로스, 메소포타미아와 공통되는 점이 많은 것을 보면 그 영향하에 있던 것으로 보인다.

곧 삼각주 지역 끝부분에 있는 마디 유적(기원전 3500년)으로 계승되지만, 이즈음에 상이집트에서 번성한 나카다 문화의 강한 영향을 받으면서 독자성을 잃어간다. 상이집트의 주도로 왕권이 성립하고, 상·하 이집트 통일의 기운이 강해지는 것은 그리 머지않은 일이었다.

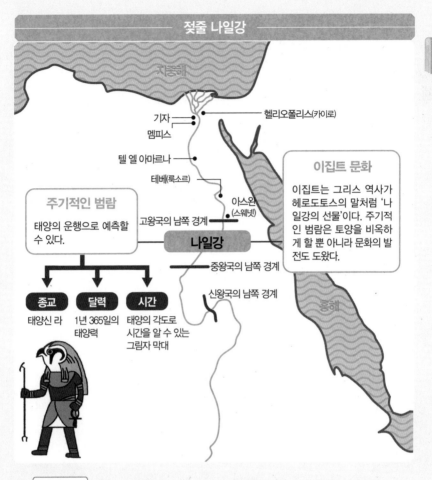

젖줄 나일강

지중해

기자
멤피스
헬리오폴리스(카이로)

텔 엘 아마르나

테베(룩소르)

아스완
(스웨넷)

고왕국의 남쪽 경계

주기적인 범람

태양의 운행으로 예측할
수 있다.

이집트 문화

이집트는 그리스 역사가
헤로도토스의 말처럼 '나
일강의 선물'이다. 주기적
인 범람은 토양을 비옥하
게 할 뿐 아니라 문화의 발
전도 도왔다.

나일강

중왕국의 남쪽 경계

신왕국의 남쪽 경계

홍해

종교	달력	시간
태양신 라	1년 365일의 태양력	태양의 각도로 시간을 알 수 있는 그림자 막대

Column

이집트를 지탱한 **관개 시설**

나일강은 매년 여름 정기적으로 물과 비옥한 흙을 이집트로 운반해 주었다. 이집트인이 이 은혜를
효과적으로 이용하는 기술로 고안해 낸 것이 용수지 시스템인 관개용수 제어 기술이다.
범람하는 물의 유입 경로에 제방을 만들어 막고, 수문의 개폐로 필요한 만큼 수량을 제어하는 시
설인데, 이 시설에는 다른 기능도 있었다. 그것은 바로 비옥한 흙을 침전시키고 물을 흙에 침투시
켜 토양에 함유된 염분을 씻어버리는 기능이다.

백가쟁명의 피라미드 논쟁 『태양과 거석의 고고학』(호세이대학 출판국)에 따르면, 피라미드 관련 연구서는 300권 이상
이나 된다. 어떤 내용이 적혀 있을까? 천문학? 해시계? 문명의 조형물? 물 공급 펌프? 파라오의 무덤? 영원한 생명 유
지 장치? 아직 정설은 없다.

05 앞뒤 맥락 없는 완벽한 도시 문명의 수수께끼

갑자기 나타나 홀연히 사라진 문명의 정체는 여전히 밝혀지지 않았다

소위 말하는 인더스 문명은 어떤 문명인지 아직 밝혀지지 않은 상태이다. 20세기 초 하라파 유적과 모헨조다로 유적의 발굴로 규칙적으로 세워진 도시 문명의 전모가 밝혀지고 이후 현재에 이르기까지 유적의 발견 사례는 600점에 달한다. 발굴된 것은 인도가 96점, 파키스탄이 47점, 아프가니스탄이 7점, 합계 147점이나 되지만, 인더스 문명에서는 아직 발굴되지 않았다.

그런데 갑자기 나타났다가 홀연히 사라진 도시 문명으로 잘 알려진 인더스 문명은 광대한 판도에 점재하는 유적 조사가 진행되면서 꼭 그렇지만도 않다는 사실이 드러나고 있다. 모헨조다로를 제외한 모든 도시가 처음부터 완성된 도시로 나타난다는 것이다.

즉, 유일하게 모헨조다로만이 도중에 계획도시로 변경된 흔적이 있고 더욱이 가장 밑의 무(無)유물층까지 20m나 되는 문화 퇴적층이 있다. 안타깝게도 지하 수위가 높아져 발굴은 하지 못했지만, 이는 가능성이 있다는 것을 암시한다.

모헨조다로에서는 다른 고대 문명에서 나타나는 신전과 궁전, 왕묘와 같은 시설은 보이지 않지만, 성벽과 시가지는 정확하게 구분되어 있고 몇 번의 홍수로 파괴되었음에도 그때마다 그대로 재건되었다. 당시의 도시 계획안이 엄격하게 지켜진 것이다.

그 이후에는 모헨조다로에서 동북 방향으로 진출해 이미 하라파 문화로 개발이 진행되던 지역, 즉 인더스 유역으로 확산되었다.

인더스 문명

인더스 문명에서는 몬순 기후를 이용해 일찍부터 벼농사가 이루어졌다. 이러한 경제적인 안정을 배경으로 인더스강 유역에 도시 문명이 발달했다. 모헨조다로와 하라파가 양대 유적이다.

술래이만 산맥

인더스강

펀자브

하라파 유적

모헨조다로 유적

인더스 문명에서는 도로로 시가가 잘 정돈되고 구획되어 있었다. 목욕탕과 같은 공공시설이나 주거는 벽돌로 지었고 뛰어난 배수 시설도 갖추고 있었다.

갠지스강

데칸고원

아라비아해

벵골만

■ 인더스 문명의 유적 분포 지역

Column

사라진 도시 문명 – 광대한 판도에 점재하는 도시

인더스 문명의 유적은 600여 점에 이르고, 그 분포 범위는 놀라울 정도로 넓다.

동쪽은 인도의 뉴델리, 서쪽은 파키스탄의 서쪽 끝 마크란, 남쪽은 인도 캄베이만을 내려다보는 구자라트, 그리고 북쪽은 인도의 최북단 심라 구릉으로, 그 거리는 동서 1,550km, 남북 1,100km에 이른다.

인도와 파키스탄 양국의 고고학 탐구 덕분에 연구는 상당히 진행되고 있지만, 최초로 발견된 두 개의 유적인 모헨조다로와 하라파를 능가하는 유적은 발견되지 않았다.

큰 목욕탕은 악어의 양육 시설?! 모헨조다로의 시가지가 내려다보이는 언덕에 있는 큰 목욕탕은 목욕을 위해 만들어진 곳이 아닌, 악어의 양식 시설이었다?! 큰 목욕탕의 길이 12m, 폭 7m, 깊이 3m는 목욕탕으로 사용하기에는 너무 깊기 때문이다. 실제로 '악어는 신의 탈 것이다'라는 신화가 있고, 사육하는 곳이 있었다고 한다.

06 사르곤 대왕과 함무라비 왕에 의한 통일과 재통일

사르곤 대왕의 아카드 왕국 건설에서 함무라비 왕의 법에 기초한 지배로

기원전 3000년경 메소포타미아 남부 각지에는 수메르인이 세운 에리두, 우르, 우루쿠, 라가시, 슈루팍, 니푸르, 키시와 같은 도시 국가가 난립하면서 교역 통로나 물 이권을 둘러싼 대립이 잦아졌다.

그중에서 살아남은 사람이 아카드의 왕 사르곤이었다. 메소포타미의 최초 통일왕이 된 사르곤은 곧바로 유프라테스강 중류에 있는 마리 왕국과 시리아의 에브라 왕국을 침공하여 마리 왕국으로부터 중류의 항해권을 빼앗고 에브라 왕국으로부터는 금은의 산지, 목재 벌채권, 직물 기술을 빼앗았다.

이때 큰 역할을 한 것이 설형 문자이다. 신전 경영, 교역과 세금의 기록에 사용된 실용 문자가 문장 표현의 수단이 된 것이다. 이에 따라 수메르어에 한정되어 있던 설형 문자가 아카드어의 표기에도 쓰이게 되었다.

우르 제3 왕조가 대두하고 아카드 왕국이 멸망한 후에 메소포타미아를 다시 통일하지만, 또다시 난세가 나타나자 바빌론을 본거지로 한 아모리족의 왕 함무라비가 수메르계 구 부족과 아모리족을 융합하여 메소포타미아의 평화와 통일을 실현한다. 이때 3가지 전략이 책정되었다.

첫 번째는 소멸해가는 수메르어 문헌을 아카드어로 번역하는 일. 두 번째는 수메르 법전과 비슷한 법전을 집대성해 『함무라비 법전』을 편찬하는 일. 그리고 세 번째는 수메르인의 주신인 엔릴과 바빌론 토착신인 마르두크를 합쳐서 '벨 마르두크'를 확립하는 일이다.

그 결과 함무라비 왕의 권위는 점점 더 높아지고 그리스인이 '바빌루'(신의 문)라 부르던 작은 도시가 머지않아 '바벨' 또는 '바빌론'이라고 불리게 되었다.

설형 문자와 고대 바빌로니아 왕국

의미	뱀	새	물고기	태양
상형				

함무라비 법전이 기록된 돌비석.
태양신 우투에게 법전을 받는 함무라비
왕의 모습이 부조되어 있다.

고대 바빌로니아 왕국

● 기원전 2000년경 바빌론이 중심인 지방에 셈족계
유민족인 아모리인이 침입해 고대 바빌로니아
왕국(바빌론 제 1왕국)을 건설함.

● 수메르 법전과 비슷한 법전을 편찬하고 함무라비
법전을 제정함.

● 함무라비는 수메르인의 신과 바빌론의 신을 합쳐
마르두크신을 삼음.

● 고대 바빌로니아 왕국에서 처음으로 태음·태양력이
성립하고 이와 동시에 윤년도 만들어짐. 또한 일주일
7일제가 확립됨.

Column

통일은 불가결하다 – 설형 문자의 발명

문자에는 한 글자 한 글자가 의미를 가진 '표의 문자'와 의미 없이 단순히 소리만 나타내는 '표음
문자'가 있다. 전자의 대표적인 예로는 한자, 후자는 알파벳을 들 수 있다.
나중에는 단순한 표음문자가 되어버리지만, 설형 문자는 원래 표의 문자라는 것을 영국의 언어학
자인 헨리 롤린슨이 이 사실을 증명했다. 그에 따르면 신관이 제례를 기록하고 서기가 법규를 기
록하는 수단이었던 것이 궁정의 인사를 기록하는 수단으로 용도가 넓어지면서 바뀌었다고 한다.
일본에서도 한자가 유입된 당시에는 히라가나와 같이 단순한 표음 문자로 사용되던 시기가 오래
지속된 적이 있었다.

함무라비 법전은? 함무라비는 이민족 간의 융화와 통일을 도모하기 위해 '법에 따른 통치'를 선언. ① 타인을 사형으
로 고소하고 입증하지 못하면 고소인은 사형, ② 자식이 아버지를 때렸을 때는 때린 손을 자른다. ③ 타인의 눈을 상하
게 한 자는 자신의 눈을 상하게 한다. ④ 타인 노예의 눈을 상하게 하거나 뼈를 부러뜨린 자는 그 노예 가치의 절반을
지불한다 등

07 지방 호족의 성장, 혼란의 시대를 거쳐 재통일

나일강 상류의 제11 왕조가 중·하류 세력을 정복해 공전의 번영을 이룸

이집트에서는 고대 왕국 시대에 제4 왕조의 쿠후왕 등이 거대 피라미드를 건립할 때는 솔선해서 나서던 호족들이 제6 왕조 이후부터는 자신의 출신지에서 독자적인 사상으로 피라미드를 건설하게 된다. 그 이유는 힘을 축적하게 되었기 때문이다.

그 결과, 왕국은 무너지고 제7 왕조에서 제10 왕조(기원전 2181년~기원전 2050년) 동안 분산과 혼란의 시대로 접어든다. 그 사이에 하류 삼각주 지대의 아시아 방향에서 유민족 힉소스가 침입해 혼란과 무질서가 더욱 가중된다. 그리고 중류 헤라클레오폴리스를 거점으로 제9 왕조와 제10 왕조가 세력을 확대하는데, 기원전 2060년경에 테베를 수도로 삼은 제11 왕조의 멘투호테프 2세가 제10 왕조를 타도하고 다시 이집트를 통일한다. 이후 제12 왕조로 계승되면서 오랫동안 평화가 유지되었다.

이 시기의 특징은 국내 개발이 빠른 속도로 진행되었다는 점이다. 역대 왕들이 나일강 지류가 쏟아부은 광대한 소택지였던 파이윰 분지를 개척해 곡창 지대로 변모시킨 공적이 크다. 이를 기반으로 삼아 다양한 문화 예술이 꽃을 피우는 시대가 되었다.

또한 피라미드 건축이 부활하지만, 장대하고 불가사의한 거대 피라미드 건설을 시도한 흔적은 찾을 수 없고 햇볕에 말린 흙벽돌을 사용하는 소규모에 그친다. 이렇게 안정적인 경영을 실현한 중왕국은 대외 원정에는 별로 관심이 없고 오로지 중앙 집권화를 목표로 각 지역의 왕으로 군림하던 구호족들의 힘을 도려내고 행정 개혁에만 힘을 쏟았다. 그 결과, 구호족 간의 세력 균형이 유지되어 기나긴 이집트의 역사를 통틀어 가장 번성한 시대를 실현할 수 있었다.

이집트 왕조의 변화 1

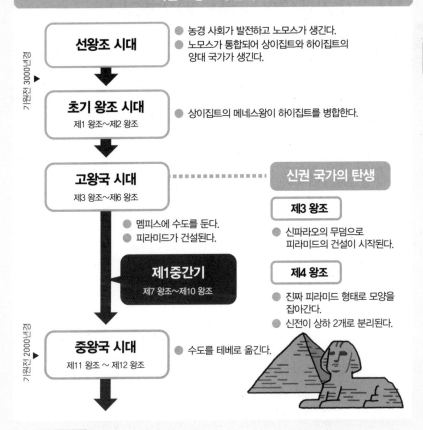

선왕조 시대
- 농경 사회가 발전하고 노모스가 생긴다.
- 노모스가 통합되어 상이집트와 하이집트의 양대 국가가 생긴다.

기원전 3000년경 ▶

초기 왕조 시대
제1 왕조~제2 왕조
- 상이집트의 메네스왕이 하이집트를 병합한다.

고왕국 시대
제3 왕조~제6 왕조

신권 국가의 탄생

제3 왕조
- 신파라오의 무덤으로 피라미드의 건설이 시작된다.

- 멤피스에 수도를 둔다.
- 피라미드가 건설된다.

제1중간기
제7 왕조~제10 왕조

제4 왕조
- 진짜 피라미드 형태로 모양을 잡아간다.
- 신전이 상하 2개로 분리된다.

기원전 2000년경 ▶

중왕국 시대
제11 왕조 ~ 제12 왕조
- 수도를 테베로 옮긴다.

Column

복잡한 이집트 고대 문자 – **사용이 구분된 3종 문자**

1799년 나폴레옹이 이집트를 원정할 때 발견된 로제타석에 새겨진 그리스 문자가 이집트 고대 문자를 해석하는 단서가 되었다.

기원전 3000년경에는 파라오를 찬양하는 비석과 신전, 무덤에 새겨진 신성 문자, '파피루스'라는 일종의 종이에 손으로 쓴 신관 문자가 있었다. 이것이 중왕국 시대에 신성문자의 개혁으로 간략해지고 더욱이 신왕국 시대 말기에는 더욱 간략해져 로마 시대까지 사용되었다. 시대에 따라, 용도에 따라 다양하게 구분되어 사용된 것이다.

신성 문자를 기록하기 위한 파피루스 파피루스는 파피루스 풀의 줄기 속 부분을 얇게 찢어 늘린 후 파피루스 조각이 겹치게 나란히 놓고 젖은 천을 사이에 끼운 다음, 돌로 눌러 건조한다. 신성 문자로 적힌 「사자의 서」 등에 사용된다. 기원전 2050년 이후 중왕국 시대 고대 이집트인의 사상과 내세관을 나타내는 귀중한 유물이다.

08 오리엔트와는 다른 지중해의 밝은 문명

전설의 크노소스 궁전이 말하는 수수께끼의 민족·사회 조직

크레타·미케네 문화는 '미노스·미케네' 문화라고도 한다. 미노스는 크레타섬 왕의 호칭이고 '크레타섬의'라는 의미도 있기 때문이다.

크레타섬은 에게해의 최남단에 있고 동쪽으로 약 200km에는 소아시아, 남쪽으로 약 300km에는 이집트, 시리아의 남쪽 해안까지 약 500km라는 지리적 환경도 있어서 오리엔트 세계와 그리스가 중심인 지중해 세계의 중계지이다.

또한 섬에는 평야가 있고 농업 생산에도 적합해 하나의 완성된 공동체를 만들기 쉬운 조건이다 보니 기원전 2000년경부터 동지중해의 중심이 된다. 크노소스, 마리아, 파이스토스 세 궁전의 건설은 이런 상황을 나타내는 구체적이고 상징적인 표현이었다.

기원전 1700년경 궁전은 지진과 쓰나미로 모두 파괴되었지만, 과거를 초월하는 대규모의 궁전으로 다시 태어나 미노스 왕이 통치하는 국가가 되었다. 이때 키클라데스 제도와 그리스 본토 일부까지 지배하에 두었다. 유적 발굴자인 아서 에번스에 따르면, 수도 크노소스의 인구는 8만 명으로 당시로서는 세계 최대의 도시였다고 한다.

흥미로운 점은 크레타섬의 궁전은 군사적인 고려가 전혀 없는 반면, 통풍, 채광, 급배수에는 관심이 많았다는 것이다. 계단으로 둘러싸 천장이 없는 뻥 뚫린 공간을 만들고, 각 층계를 세로로 관통하는 채광용 공간을 설정하고, 도자기로 만든 파이프로 연결해 급·배수를 했다. 개방적인 에게해에 어울리는 구조였다.

1600년경 그리스 본토의 미케네가 급속도로 크레타화되었다. 뛰어난 항해자였던 크레타인에게 항해술과 교역을 배워 교역권을 확대하고, 그리스 각 지역에서 식민 활동을 시작하면서 크레타인을 대신하게 된다.

크레타섬과 크노소스 궁전

수많은 작은 섬과 나란히 동서로 길게 뻗어 있는 크레타섬은 정치의 중심지이자 해상무역의 요충지로 번성했다. 이들은 뱃사람 같은 대범하고 여유로운 성격의 문화를 가졌다.

흑해

아테네

트로이아

에게해

티린스

미케네

지중해

크레타섬

크노소스 궁전

그리스 신화의 미궁을 떠올리게 하는 크노소스 궁전은 수백 개의 방이 마치 미로처럼 복잡하게 배치되어 있다.

Column

미노타우로스의 미궁?! 언덕의 기복을 이용한 복잡한 궁전

크노소스 궁전은 작은 언덕의 기복을 기가 막히게 이용해 만들어졌다. 억지로 땅의 조성 공사를 하지 않고도 땅의 모양에 맞게 방을 배치한 것이 흥미롭다.

하나의 건물이면서도 층이 다르다. 한 쪽은 2~3층 건물이지만, 다른 쪽은 4층 건물이다. 층이 다른 공간이 같은 지붕 아래 나란히 있어서 마치 미로에 들어선 것 같다.

이러한 이유로 그리스 신화에서는 크노소스 궁전을 미노스 왕이 사람의 몸에 소의 머리를 한 괴물 미노타우로스를 가둔 '미궁'으로 전해지는데, 실제로 방은 밝고 사실적인 벽화로 채색되어 있다.

수수께끼의 크레타인과 크레타 문자   크레타 문명의 주인인 크레타인은 누구이고 어디서 왔을까? 이집트일까? 시리아·팔레스타일까? 메소포타미아일까? 이들은 동지중해를 자유롭게 왕래하고 동방의 선진 지역과 교역을 했다. 또한 이집트의 신성 문자와 비슷한 그림 문자, 간략해진 선형 문자 A를 가지고 있었다.

09 강인한 오리엔트 통일을 추진한 말과 철의 민족

아나톨리아 고원을 제압하고 지중해 도시로 진출. 이집트 신왕국과 대결하다

인도·유럽어족은 기원전 제2000년기 초부터 본래 살던 곳인 중앙 아시아와 남러시아를 벗어나 말과 전차로 오리엔트의 각 지역에 침입해 새로운 국가를 세운다. 그중 하나가 히타이트로, 기원전 1680년에 소아시아 아나톨리아 고원으로 올라가 히타이트 고대 왕국을 건국한다.

아나톨리아 고원은 원래 광물 자원이 풍부한 곳으로, 원주민인 하타인을 정복했을 때 제철 기술을 배우고 강철을 발명하면서 철을 강한 무기로 만드는 기술을 확립했다. 말과 전차에 철의 위력까지 더해져 무적의 전투력을 발휘하게 된 것이다.

또한 지중해에 면한 시리아, 팔레스티나와 같은 연안 도시들은 금이나 키프로스의 동, 미케네의 토기 등을 다루는 가나인과 그리스 미케네인의 아지트였다. 이러한 도시들과 교류하면서 같은 편으로 만든 것이 히타이트의 남하와 세력 확대에 박차를 가하게 된 계기가 된다.

기원전 1430년경에 히타이트 신왕국이 성립되면서 이집트 신왕국과의 격돌을 반복하는데, 그중에서도 기원전 1285년에 람세스 2세를 격퇴한 카데시 전투는 유명하다. 이 전투는 보아즈칼레(히타이트의 수도 하투샤)의 공문서관에 보존된 점토판 문서와 이집트 카르나크 신전의 벽화에 새겨져 있다.

그러나 말과 전차와 철로 오리엔트를 제압하고 이집트 침투에 성공한 무적의 전투력도 '바다의 민족'이라 불리는 미지의 집단이 침입하면서 몇 개의 도시 국가로 분열된다. 기원전 8세기경에는 아시리아 제국에 흡수되어 소멸한다. 겁도 없이 침입한 정체불명의 항해 민족, 무역 집단, 페니키아인일지도 모른다.

무력은 부의 힘을 이길 수 없는 것일까?

군사력과 기동력의 히타이트

메소포타미아의 변천

세계에서 최초로 철제 무기를 실용화한 히타이트는 전차 등을 이용한 군사력과 기동력으로 고대 바빌로니아 왕국을 멸망시키고 이집트와 대립하게 되었다.

수메르인의 도시 국가

⬇

우르 제1 왕조

⬇

아카드 왕국

⬇

우르 제3 왕조

⬇

고대 바빌로니아 왕국

⬇

카시트 왕국　　미탄니 왕국　　히타이트

Column

3,000장에 달하는 점토판 문서, **세계 제국의 구수도에 남겨진 공식 문서**

터키 수도 앙카라에서 동쪽으로 200km, 아나톨리아 고원의 거의 중앙부에는 히타이트 제국의 수도가 있는 하투샤(현재의 보아즈칼레)가 있다.

지금은 초목도 나지 않는 벌거숭이산의 모습을 하고 있지만, 과거에는 수원이 풍부한 녹색 산림으로 덮여 있고 결실이 풍부한 곡창 지대였다. 이 장소에서 궁전 터와 약 3,000장에 달하는 설형 문자로 새겨진 점토판 문서의 수장고 터가 발견되었다.

조사해 보니 아카드어로 새겨 있는데, 이는 히타이트 왕과 이집트 왕 사이에서 체결된 기원전 13세기의 평화 조약 비준서였다. 지금으로 말하면 국가와 국가의 휴전 합의를 정리한 외교 문서라고 할 수 있다.

히타이트의 철보다 1,000년이나 오래된 철?! 터키 중부의 유적에서 기원전 2200년~2300년의 것으로 보이는 철 덩어리가 발견되었다. 철은 기원전 1200년~1300년경에 철의 민족인 히타이트가 제조했다는 것이 정설이었는데, 이것보다 1,000년이나 오래되었다. 히타이트 이전의 원주민 하타인이 제조한 것보다도 오래된 것으로 보이는데, 누가 만든 것인지 여전히 수수께끼이다.

10 침략자를 일소하고 이집트의 영광을 회복하다

유목민 힉소스에게 점령된 향토를 탈환해 다시 테베신에게 바치다

기원전 1720년경 아시아에서 남하한 종족이 이집트의 삼각주 지대에 침입해 멤피스를 점령했다. 멤피스는 이집트 수도가 아니지만, 경제나 종교의 핵심지여서 사실상 이집트를 점령한 것이나 다름없었다.

〈왕명표〉(『이집트사』 중)의 저자 마네토는 이집트의 새로운 지배자가 된 아시아인을 '힉소스'라고 불렀다. 힉소스는 신왕조(제15 왕조~제16 왕조)를 열어 삼각주 지대를 거점으로 중부 이집트부터 시리아까지 지배했다.

그러나 테베(현재의 룩소르)를 거점으로 하는 이집트 왕들 사이에서 독립의 기운이 높아지면서 힉소스 세력을 쫓아내는 데 성공한다. 그리고 시리아, 누비아에 원정해 제압하고 결국 오리엔트에 군림하는 제국(제18 왕조)이 된다. 이집트 신왕국 시대의 개막이었다.

이 시대를 대표하는 왕 투트모세 3세는 원정할 때마다 방대한 전리품을 아문 신전에 봉납했다. 그러나 아멘 신관단(神官団)이 급속하게 세력을 확대해 왕위까지 좌지우지하게 되면서 아멘호테프 3세와 4세는 아멘 신앙을 배제하고 아텐 신앙으로 전환한다.

하지만 그 시도는 실패하고 다시 아멘 신앙이 국가 제례의 중심이 되면서 혼란을 수습한 람세스 1세가 제19 왕조를 개설하였다. 람세스 2세가 위신을 드러내기 위해 남긴 다수의 거대 건조물이 말해 주는 것처럼 60년이 넘는 치세를 통해 '고대 이집트 최대의 왕'으로 칭송되었다.

이후 제20 왕조 람세스 3세의 치세가 고대 이집트의 신왕국 시대 마지막 영광이 된다. 영광스러운 이집트의 통일이 회복되는 일은 없었다.

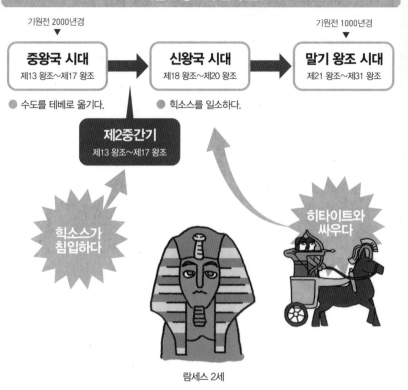

이집트 왕조의 변화 **2**

기원전 2000년경

기원전 1000년경

중왕국 시대
제13 왕조~제17 왕조

신왕국 시대
제18 왕조~제20 왕조

말기 왕조 시대
제21 왕조~제31 왕조

● 수도를 테베로 옮기다.

● 힉소스를 일소하다.

제2중간기
제13 왕조~제17 왕조

힉소스가 침입하다

히타이트와 싸우다

람세스 2세

헤로도토스의 증언 – 가장 수준 높은 미라의 제작 방법을 가르쳐 준다

고대 그리스의 역사가인 헤로도토스가 "가장 수준 높은 미라의 제작 방법을 가르쳐 주겠다"라고 하면서 다음과 같이 구체적으로 소개하고 있다.

하나 우선 송장의 콧구멍에서 철로 된 갈고랑이를 이용해 뇌를 적출한다.

둘 옆구리를 절개해 내장을 꺼내고 내부를 오일과 향료로 깨끗이 씻은 후 몰약이나 계피 등의 향료를 채우고 절개 부분을 꿰맨다.

셋 가공한 송장을 소다수에 70일간 담가 둔다.

넷 송장을 꺼내 깨끗이 씻고 온몸에 붕대를 감는다.

다섯 목관에 넣고 봉인한 후 무덤에 안치한다.

관광 명소 '왕가의 계곡' 테베(현재의 룩소르)의 나일강 서쪽 끝 바위산 깊은 계곡에 있는 암굴묘 '왕가의 계곡'에는 신왕국 시대 왕들의 무덤이 집중되어 있다. 투트모세 1세가 생존할 당시, 많은 무덤이 도굴을 당해 자신의 무덤을 감출 목적으로 건설한 것이 시초이다. 1922년에 투탕카멘의 무덤이 미도굴 상태로 발견되어 화제가 되었다.

11 오리엔트 세계를 처음으로 통일한 전제(專制) 제국

'철과 전차'로 모든 오리엔트를 제패하고 최초로 세계 제국을 실현하다

티그리스강·유프라테스강 사이에 있는 메소포타미아 북반구 대부분을 기원전 제2000년기부터 차지한 것이 '아시리아'이다. 이때는 아수르신을 최고 신으로 섬기는 셈족이 번성했다.

흥망성쇠의 속도가 빠른 오리엔트 지역에서는 드물게 제국의 발상 이후 1400년 이상 존속한 아시리아는 통일 제국 117대나 이어진 〈왕명표〉가 남아 있다는 것도 흔하지 않은 일이다. 오리엔트 거의 중앙에 위치하고 있다는 이점을 살려 주변 국가들과의 상업 활동을 통해 부를 축적했다.

처음에는 미탄니의 지배하에 있었는데, 바빌로니아, 히타이트와 싸워 승리하면서 오리엔트 세계를 완전히 제패하고 확고한 기반을 다졌다. 바빌로니아에서는 세련된 문화를 흡수하고, 아시리아에서는 광물 자원과 철제 기술을 얻었다.

아시리아의 왕들은 적극적이고 과감한 원정으로 '철과 전차'로 연전연승, 영토를 확대했다. 그리고 발전을 유지하기 위해 가장 중요하게 생각한 것이 대량 포로 정책, 즉 피정복민의 강제 이주였다. 오리엔트 세계에서는 드문 일이 아니었지만, 아시리아의 강제 이주 정책에는 몇 가지 특징이 있다.

강압적인 무력행사를 하지 않고, 피정복민의 문화나 언어, 종교와 정치 체제에 관한 정보를 수집, 분석해서 적확하게 채찍과 당근을 잘 나눠 사용했다. 장기적인 세계 제국의 통치 방법이 완전히 확립되었다고 해도 과언이 아니다. 이 노하우는 나중에 이어지는 신바빌로니아와 아케메네스 왕조 페르시아에도 계승된다. 따라서 단순히 '철과 전차'로 세계 제국을 건설하고 통치한 것이 아니라는 점을 강조한다.

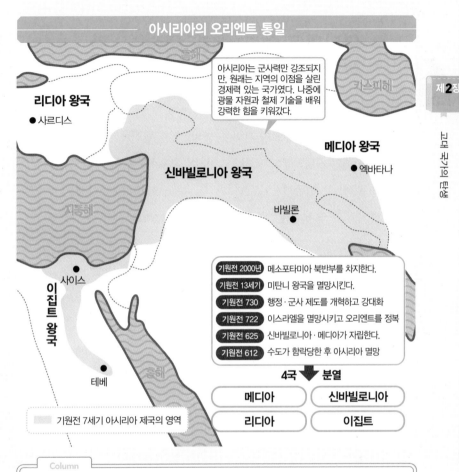

아시리아의 오리엔트 통일

리디아 왕국
● 사르디스

아시리아는 군사력만 강조되지만, 원래는 지역의 이점을 살린 경제력 있는 국가였다. 나중에 광물 자원과 철제 기술을 배워 강력한 힘을 키워갔다.

메디아 왕국
● 엑바타나

신바빌로니아 왕국
바빌론 ●

이집트 왕국
사이스 ●

테베 ●

기원전 2000년	메소포타미아 북반부를 차지한다.
기원전 13세기	미탄니 왕국을 멸망시킨다.
기원전 730	행정·군사 제도를 개혁하고 강대화
기원전 722	이스라엘을 멸망시키고 오리엔트를 정복
기원전 625	신바빌로니아·메디아가 자립한다.
기원전 612	수도가 함락당한 후 아시리아 멸망

4국 ▼ 분열

메디아 | 신바빌로니아
리디아 | 이집트

▨ 기원전 7세기 아시리아 제국의 영역

Column

아시리아의 명물 – '철과 전차'의 군대

아시리아군의 군사 제도는 창을 든 창군과 활을 든 궁병, 방패를 든 방패군으로 구성된 보병과 '채리엇'이라 불리는 전차 그리고 기마병으로 이루어졌다. 이밖에 공병(工兵)에 해당하는 부대도 있어서 강을 건너거나 성을 공격할 때 활약했다.

아시리아군은 궁병을 많이 활용했다고 한다. 이때 적의 화살로부터 아군을 지키기 위해 큰 방패를 장착한 방패군도 함께 움직였다. 공격과 방어를 동시에 운용한 것이다.

전차 부대는 미타닌과 싸울 때 터득한 무기이다. 특히, 왕 직속의 '발의 전차'라 불리는 부대가 있었다. 또한 동방 고원에서 수입한 뛰어난 군마를 타고 철의 무기를 쓰는 기병대가 큰 활약을 했다.

궁전의 부조가 이야기하는 왕의 모습 아시리아 제국의 궁정 유적은 고고학에서 왕실 문고에 수록된 수만 장의 점토판 문서로 유명하다. 궁전 벽에 새겨진 부조, 아슈르바니팔 왕의 사자 사냥과 전투 장면, 왕궁 정원에서 연회를 즐기는 모습 등이 새겨져 있다. 힘찬 묘사의 부조는 미술품으로서도 완성도가 높다.

12 바다의 민족, 지중해 교역과 식민지 건설

레바논 삼나무와 항해 능력으로 지중해를 누비다

지중해 동부에 면한 시리아·팔레스티나 연안에는 기원전 3000년경부터 셈계 민족인 가나안인이 정착하고 이집트 왕조에 종속해 교역 활동을 하고 있었다. 이것이 발전해 집단을 형성한 것이 페니키아인이었다고 추정된다.

이집트 왕조는 레바논산맥의 기슭에서 자라는 레바논 삼나무와 사이프러스를 귀중한 목재 자원, 향유 자원으로 삼았다. 또한 나일강 상하를 다닐 정도의 평저선밖에 없었기 때문에 대량의 목재를 바닷길로 운반할 수 있는 페니키아인의 배와 항해 능력에 기대를 걸고 있었다. 이로써 시리아와 팔레스티나 연안에 시돈, 티레와 같은 새로운 도시 국가를 건설한다.

그런데 기원전 1200년경에 큰 전환기가 찾아온다. 도리스인이 남하해 미케네 문화를 파괴하고 이오니아인과 아이올리스인이 그리스 본토로 진출한다. 그리고 소아시아와 시리아·팔레스티나 연안으로는 그리스·에게해 섬들에서 '바다의 민족'이 침입한다.

그 결과, 이 지역을 지배하던 히타이트 제국이 멸망하고, 이집트 신왕국의 세력이 후퇴한다. 그리고 시리아·팔레스티나에서 번영하던 도시 국가의 사람들은 바다의 민족과 육지의 민족으로 나뉘어 각자의 운명대로 살아가게 된다.

해안에 도시를 건설하고 오직 철저하게 해상 무역에만 종사하던 페니키아인은 바다의 민족이 되고, 아람인은 시리아 내륙에 도시를 만들어 내륙 교역의 발전에 전력을 다했다. 아람인과 같은 운명을 겪게 된 것이 히브리인이다. 기원전 11세기 말에 헤브라이 왕국(이스라엘 왕국)이 건설되고 다윗왕과 솔로몬왕 시절에 번영한다. 그중에서도 페니키아인은 외양 항해의 힘을 비약적으로 향상시켜 카르타고 등의 식민지 건설을 계속 이어가면서 지중해의 전 지역으로 진출한다.

고대 국가의 탄생

알파벳의 어머니, 페니키아 문자

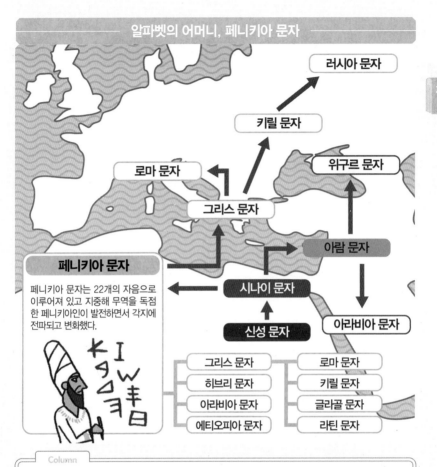

페니키아 문자

페니키아 문자는 22개의 자음으로 이루어져 있고 지중해 무역을 독점한 페니키아인이 발전하면서 각지에 전파되고 변화했다.

러시아 문자

키릴 문자

로마 문자

위구르 문자

그리스 문자

아람 문자

시나이 문자

신성 문자

아라비아 문자

그리스 문자	로마 문자
히브리 문자	키릴 문자
아라비아 문자	글라골 문자
에티오피아 문자	라틴 문자

Column

알파벳은 페니키아 문자에서 태어났다

페니키아인이 그들의 어머니와 같은 부족인 가나안인의 상형 문자인 이집트 신성 문자에서 고안한 알파벳의 원형이라고 할 수 있는 표음 문자를 계승하고 발전시켜 그리스로 전파했다는 사실은 잘 알려져 있다.

이 표음 문자를 '페니키아 문자'라고 한다. 22개의 자음으로 구성되고, 지중해 무역을 독점한 페니키아인의 발전과 더불어 각지로 전해지고, 변화했다(그리스 문자, 히브리 문자, 아라비아 문자, 에티오피아 문자 등).

이렇게 보면 알파벳의 어머니는 페니키아 문자라 해도 문제가 없을 듯하다.

바다의 민족 페니키아인과 육지의 민족 아람인 고대 시리아·팔레스티나 방면에서 번영한 도시 국가 사람들은 전부 바다의 민족과 육지의 민족으로 나뉜다. 해안에 도시를 건설하고 오직 해상 교통에만 철저했던 바다의 민족 페니키아인. 셈족인 아람인은 시리아 내륙에 도시를 건설해 내륙 교통을 발달시켰다. 양쪽 모두 다양한 문자와 문화의 발전에 공헌했다.

13 역성혁명으로 주나라의 무왕이 은 왕조를 타도

독자적인 봉건 제도를 이용해 혈통 중시의 신분 제도를 도입한 신왕조 개설

기원전 21세기~기원전 19세기경 황허 유역의 광대한 영역을 지배한 '은(殷)'이라는 왕조가 출현한다. 농사, 군사 등의 국사 행위를 전부 신에게 묻고 왕은 신의 뜻에 따라 만사를 결정하는 제정일치 신권 국가였다.

그런데 기원전 11세기에 이르러 은 왕조에 복속하던 주(周)나라의 무왕(武王)이 군대를 일으켜 은 왕조를 공격하고 호경(지금의 시안)으로 수도를 옮겨 신왕조를 연다. 전설에 따르면, 은나라의 주(紂)왕이 미인 달기와의 문란한 애정에 빠졌던 것이 패배의 원인이라고 한다.

아무튼 주나라의 무왕은 '질서 회복'과 '신제도에 의한 국가 재건'을 내걸고 은 왕조와의 싸움에서 공을 세운 일족 공신과 각지의 유력자에게 봉토를 나눠 주고, 세습의 제후로 삼아 공납과 군역의 의무를 지게 했다. 또한 주나라 왕과 제후 밑에는 '경(卿)·대부(大夫)·사(士)'라는 가신이 있었는데, 이들에게 영토를 나눠 주고 농민을 지배하는 구조였다.

이렇게 은 왕조에서 행해지던 자연신 숭배와 선조 숭배의 제례권을 계승하면서 은 왕조를 대신해 집행한다는 대의명분을 세웠다. 이를 '역성혁명'이라고 한다. 이후 이 사상에 따라 왕조 교체를 정당화하게 된다.

그 결과, 위로는 왕에서 시작해 아래로는 계(計)·대부·사에 이르기까지 혈통이 같은 친족과 가족으로 구성되어 본가의 가장을 중심으로 한 선조의 제사를 행하고, 마을의 농민도 토지신을 중심으로 한 촌락 공동체로 왕후(王侯)·사대부가 지배하게 된다.

주 왕조에서 특히 강조해 두고 싶은 점은 중국 4000년 역사의 5분의 1, 약 800년 동안 주 왕조가 통치했다는 사실이다. 춘추 시대에도 '예'는 지켜진 것이다.

은 왕조의 성립

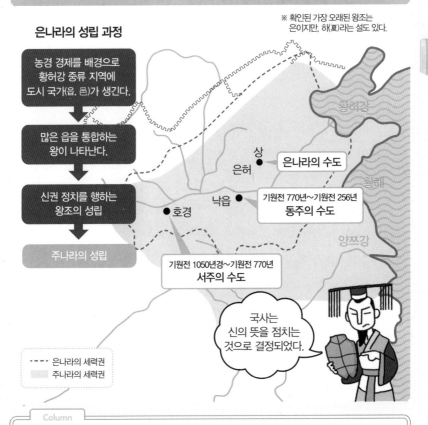

은나라의 성립 과정

※ 확인된 가장 오래된 왕조는 은이지만, 해(夏)라는 설도 있다.

농경 경제를 배경으로 황허강 중류 지역에 도시 국가(읍, 론)가 생긴다.

많은 읍을 통합하는 왕이 나타난다.

신권 정치를 행하는 왕조의 성립

주나라의 성립

상

은허 ● 은나라의 수도

낙읍 ● 기원전 770년~기원전 256년
동주의 수도

● 호경

기원전 1050년경~기원전 770년
서주의 수도

국사는 신의 뜻을 점치는 것으로 결정되었다.

- - - - 은나라의 세력권

　　　주나라의 세력권

Column

은 왕조 주왕이 미인과 사랑에 빠졌다?!
충신을 살해하고 젓갈, 말린 고기로 만들었다?!

은 왕조의 제30대 주왕이 미인 달기와 음란한 애정에 빠졌던 것이 패배의 원인으로 전해진다. 신권 국가의 왕은 신의 명을 받들어 국사에 종사해야 하는데, 백성의 고통을 돌보지 않고 주지육림에 빠져 죄인을 뜨겁게 달군 막대기 위를 걷게 해 괴로워하며 죽어가는 모습을 보면서 즐거워하고 끝내는 국가의 충신 삼공을 살해해 젓갈이나 말린 고기를 만들었다고 한다.

진위는 불분명하지만, 내리막길에 접어든 운명에서는 이런 종류의 소문이 생기기 쉽다. 은 왕조 주변의 동요는 매우 심했고, 주 왕조 무왕을 경모한 사람들이 주위로 모여든 것은 부정할 수 없는 사실 같다.

주 왕조는 '아시아의 그리스·로마?!' 그리스·로마는 신들이 지배하고 전제 군주가 군림하는 고대 국가의 저주에서 해방할 목적으로 도시 국가이자 시민 사회를 실현했다. 중국 주 왕조도 신의 뜻을 받들어 국가를 운영해야 할 은왕이 백성의 고통을 돌보지 않고 쾌락에 빠져 있었기 때문에 인덕과 명망이 높은 주 왕국의 무왕 주변으로 사람들이 모여들었다고 한다.

14 아리아인의 침입으로 생긴 카스트 제도

카스트＝이민족 간의 혼인·동거 금지는 풍토 감염병의 예방책이었다?!

기원전 15세기경 인도에 침입한 아리아인은 인더스강 유역의 펀자브 지방에 정주한 후 기원전 11세기에는 갠지스강 유역으로 진출한다. 이때 자연신에 대한 찬가(리그)를 모은 가장 오래된 성전으로, 고대 인도의 모습을 전한다고 하는 『리그베다』가 성립한다.

그런데 갠지스강 유역에 정착하면서 목축민이던 아리아인이 농경 생활을 시작한다. 철제 농구와 소를 사용한 농작업의 보급으로 생산성이 비약적으로 높아지면서 계층의 분화가 급속도로 진행되어 새로운 사회의 구조가 필요해졌다. 이로써 카스트 제도가 생겨난다.

카스트 제도는 인도 특유의 신분 제도로, 태생을 의미하는 바르나와 직업 집단을 의미하는 자티로 이루어진다. 바르나는 브라만(브라만교의 사제)이 가장 꼭대기에 있다. 다음 계급으로 크샤트리아(무사 또는 귀족), 바이샤(농경 목축민, 수공업자 등의 생산자)가 있고 가장 밑에는 수드라(노예)가 있다.

이는 인도가 침입했을 때 서서히 형성된 신분 제도인데, 갠지스강 유역 진출 후에 다양한 직업 군단과 맞닥뜨릴 때마다 재편성해야 했기 때문에 하위 부류를 세습 직업 집단인 자티로 분류해 소속시킨다. 바르나나 자티 둘 중에 속하게 되고 통혼 금지는 물론 생활의 세부적인 면까지 규제를 받았다.

이 바르나와 자티로 구성된 신분 제도를 '카스트 제도'라고 한다. 이는 처음 포르투갈인을 만났을 때 포르투갈어로 혈통을 의미하는 '카스트'를 차용해 '카스트 제도'라고 부른 데서 시작된 것으로, 아리아인의 용어는 아니다.

카스트 제도

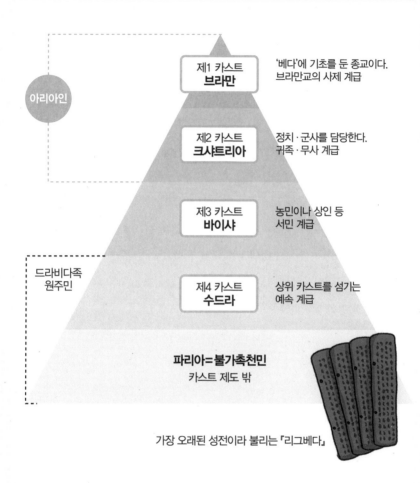

아리아인

제1 카스트
브라만

'베다'에 기초를 둔 종교이다.
브라만교의 사제 계급

제2 카스트
크샤트리아

정치·군사를 담당한다.
귀족·무사 계급

제3 카스트
바이샤

농민이나 상인 등
서민 계급

드라비다족
원주민

제4 카스트
수드라

상위 카스트를 섬기는
예속 계급

파리아＝불가촉천민
카스트 제도 밖

가장 오래된 성전이라 불리는 『리그베다』

일본에도 영향을 미친 『리그베다』 리그는 '찬가', 베다는 '지식'을 의미한다. 전쟁의 신, 천둥의 신으로 익숙한 인드라 신＝제석천(帝釋天), 사자(死者)국의 신 야마는 나락(나카라＝지옥)의 지배자 염라대왕이다. 불에 공물을 바치는 의식인 호마는 호마(護摩)가 되었다. 그리스·로마나 조로아스터교도 공통점이 있다. 동서의 문화 교류가 있었던 것일까?!

15 왕조의 뤄양 천도에서 약 550년간, 난세를 반복하다

난세에도 주 왕조의 권위가 보호된 춘추에서 격렬한 공방이 벌어지는 전국으로

중국 4,000년의 역사를 돌아볼 때 5분의 1인 800년을 주 왕조가 점유했다. 그러나 유(幽)왕의 시대, 견융의 침공을 당한 다음 평(平)왕의 시대, 기원전 770년 호경(현재의 시안)이 낙읍(현재의 뤄양)으로 천도한 이후 진(秦)나라가 중국을 통일할 때까지 약 550년 동안, 중국은 혼란스러웠고 격렬한 공방전이 끊이지 않는 시대로 들어선다. 이를 '춘추 전국 시대'라고 한다.

과거 주왕한테 봉토를 부여받는 제후가 각자의 세력을 만들어 배신과 동맹(회맹, 會盟)을 반복하면서 도태되는 시대였다. 전반의 춘추 시대는 아직 주 왕조의 권위가 유지되어 왕실을 존중하는 기풍이 남아 있었는데, 후반의 전국 시대가 되면서 완전히 달라진다.

주 왕조는 제후와 비슷한 지위로 전락했다. 난세도 전국 칠웅으로 좁혀지자 각자 왕을 주장하면서 천하 통일을 표방하게 된다.

그 배경에는 철제 농구의 보급으로 관개와 개척이 진행되면서 생산력이 급격하게 상승한 원인이 있었다. 그리고 생산력의 상승에 따른 성과를 교묘하게 착복한 제후가 능력자로 살아남았다. 황허강 상류의 주나라와 양쯔강 유역의 초(楚)나라, 오(吳)나라, 월(越)나라 등이다.

이 시대에 군사적 공방이 격렬하게 반복된 것만은 아니다. 춘추 시대에는 왕도의 이념과 이상을 설파한 공자가 등장했고, 제후가 각자 독자적으로 나라 만들기를 실천하는 전국 시대에는 '법에 기반을 둔 나라 만들기'를 주창하는 법가와 같은 사상가가 환영을 받는다. '춘추'라는 이름은 공자가 노(魯)나라의 연대기에 필삭을 가해 지었다는 『춘추』, '전국'이라는 이름은 『전국책』에서 유래한다.

동주와 서주

은나라	● 기원전 2000년기에 성립해 기원전 1500년경에 소툰을 수도로 삼았다. 주나라의 무왕한테 멸망했다고 한다.	
서주	● 기원전 1100년경에 성립했고 호경에 수도를 둔다. ● 은나라의 신권 정치를 대신해 봉건 제도의 기틀을 만든다. ● 기원전 9세기경, 제후의 반란이 계속되면서 난세가 된다. ● 기원전 770년, 이민족인 견융한테 호경이 침공을 당하면서 수도를 낙읍으로 옮긴다.	
동주	춘추시대	● 평왕이 서주 시대에 건설된 낙읍으로 동천(東遷)한다. ● 기원전 722년, 시대의 명칭이 된 『춘추』의 사건들이 일어나기 시작한다. ● 기원전 552년, 공자가 태어났다. 이후 새로운 사상이 연이어 나타난다. ● 철제 농구가 사용되기 시작한다.
	전국시대	● 기원전 403년, 진(晉)나라가 열국으로 분열되고 한 · 위 · 조가 독립해 제후가 된다. ● 주왕실은 유명무실화되고 제후의 권력이 커진다. ● 주(周) · 초(楚) · 연(燕) · 제(齊) · 한(韓) · 위(魏) · 조(趙) 7대 제후가 패권을 다툰다. ● 기원전 256년, 진나라가 주나라를 멸망시킨다.
진나라	● 기원전 221년, 주나라가 통일을 완성. 정왕이 시황제가 된다.	

Column

제자백가의 주장 – **채용된 법가의 사상**

구질서가 붕괴되고 새로운 나라 만들기와 사회 질서의 재건이 외쳐질 때면 반드시 이를 뒷받침하는 이론이나 사상을 주장하는 목소리가 나타난다. 특히 고대 중국의 춘추 전국 시대에는 '제자백가'라고 불리는 사상가(자, 子)와 학파(가, 家)가 패권을 두고 경쟁했다. 누구나 한 번쯤은 들어본 적이 있을 것이다. 공자, 맹자, 순자 등의 유가, 묵자의 묵가, 노자, 장자의 도가, 음양가, 한비자의 법가, 손자의 병법가 등이다.

그중에서 난세를 끝내고 평화의 시대에 질서 있는 나라 만들기를 추진하는 데 가장 적합한 사상과 이론을 제공한 것이 '법가'였다. 사람의 지혜에 의존하지 않고 객관적인 법에 기반을 둔 나라 만들기가 사람들에게 수용된 것이다.

밋밋한 공자의 인생 『논어』로 익숙한 공자의 인생은 보잘것없었다. 18세에 노나라에서 말단 관리로 목장과 창고의 관리 업무를 담당하고 36세 때, 내란 발발로 군주와 함께 제나라로 망명하고 노나라로 귀국해서 사숙(私塾)을 주재하였다. 51세부터 벼슬에 올라 장관을 역임한 후 55세에 여러 나라를 떠돌아다니며 여행을 하지만, 아무도 그의 말을 들어 주지 않았다. 68세에 귀국. 73세에 사망한다.

공자

16 단순한 신화로는 해결되지 않는 고대 국가의 탄생

조몬 일본에서 야요이 일본으로 넘어가는 과도기에 출현한 국가 창립기의 계승

『일본서기』에 따르면, 진무천황(神武天皇)은 경오년 1월 1일(기원전 711년 2월 13일)에 태어나 15세에 황태자가 되었다. 45세 때 뜻을 품고 동방 정벌을 시작하여 히젠국(肥前)에서 우사(宇佐), 아키국(安芸), 기비국(吉備)을 평정하고, 난바(難波), 가와치국(河内)으로 쳐들어가 기이국(紀伊)을 돌아 수많은 고난을 거쳐 야마토(大和)를 정복한다. 그리고 마침내 우네비야마(畝傍山) 산기슭의 가시하라(橿原) 땅에 수도를 세웠다.

그리고 이듬해인 기원전 660년 2월 11일에 초대 천황으로 즉위했다고 전해진다. 원래 즉위일은 메이지 정부가 『일본서기』를 기술했을 때 태양력으로 환산한 숫자인데, 이를 역사적인 사실로 인정하기는 어렵다.

그렇다고 해서 이 전승을 '신화'로 일축하는 것도 적당하지 않다.

첫 번째는 기원전 660년이라는 해를 고고학 연도로 말하면 조몬 말기(기원전 1000년~기원전 350년)에 해당한다. 전기 이후 선택적 농업을 개시해서 정주 생활을 체험, 취락을 하게 된 후기에는 대규모 취락을 형성한다.

두 번째는 말기에 기온이 떨어지고 주변 해역의 해수면 저하로 인한 선택적 농업과 고기잡이가 모조리 파괴되는 타격을 입었을 때 벼농사와 철기가 보급되어 조직된 생산 노동이 요구되었다.

세 번째는 같은 시기 중국은 춘추 전국 시대의 한복판에 있었다. 여러 세력 간의 흥망이 심해 패전한 무리가 대거 일본으로 건너와 멋대로 상륙한 후에 캠프 지역을 만들어 눌러앉는 일이 없었다고 장담할 수 없는 시대였다.

그렇다면 벼농사 취락을 기반으로 철기를 수집하여 열도의 방위와 국가 창립을 위해 무장 집단을 이끌고 봉기한 세력이 없었다고도 할 수 없다.

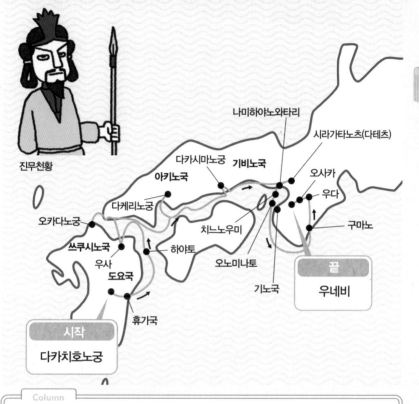

초대 진무 천황의 동방 정벌 경로(『고사기』 참고)

진무천황

나미하야노와타리
시라가타노츠(다테츠)
다카시마노궁　**기비노국**
아키노국　　　　　　오사카
다케리노궁　　　　　　　　우다
오카다노궁　　　치느노우미　　　구마노
쓰쿠시노국
우사　　　　하야토
도요국　　　오노미나토
휴가국　　　기노국　　**끝**　우네비

시작
다카치호노궁

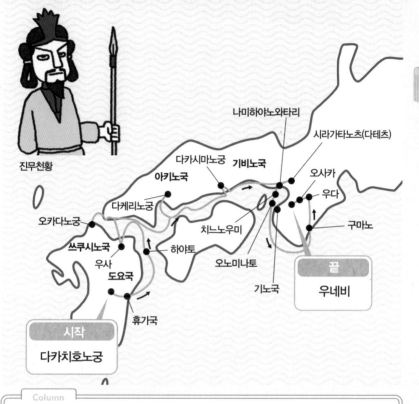

Column

야마토 왕 – **도미노나가수네비코**

진무천황의 동방정벌 이야기에 따르면 휴가국을 출발해 우사와 오카다노 궁에서 무기와 병력을 정비하고 아키노국, 기비노국을 거쳐 나미하야노와타리(아카시 해협)를 넘어 이코마(生駒)로 돌입하려 했는데, 원주민의 격렬한 저항에 부딪혀 들어가지 못하고 온갖 고생 끝에 야마토로 진입했다고 한다.

이때 진무천황을 괴롭힌 것이 '도미노나가수네비코'라는 야마토의 원주민 부족장이었다. 지금은 돌아가신 초고대사 연구가 사지 요시히코는 미와산(三輪山) 주변의 도미(鳥見) 근처에 살던 해신족(나가족)의 수장이었을 것으로 추리했다.

해신 대 야타가라스(일본 신화에 등장하는 까마귀)의 싸움이 도미노나가수네비코(那賀須泥毘古) 대 진무천황 싸움의 진상인 것이다.

진무 즉위 연대의 계산 방법은? 진무천황의 즉위 해가 기원전 660년이 된 이유는 『일본서기』에 연도의 기록이 없다 보니 메이지 정부가 진무천황의 즉위를 스이코 천황(推古天皇) 9년(신유년 601)부터 1260년 전인 신유년으로 계산했기 때문이다. 스이코 천황이 왜 기준이 되었을까? 스이코 천황이 쇼토쿠 태자(聖德太子)와 함께 일본사에서는 최초로 달력 날짜를 사용했기 때문이다.

17 다리우스 대왕, 사상 최대의 대제국을 통치하다

동쪽 인더스부터 서쪽 그리스, 북쪽 카스피해부터 남쪽 에티오피아까지

멸망한 아시리아 제국은 이집트, 리디아, 신바빌로니아, 메디아 4개의 왕국으로 분리되었다. 이 지도를 기원전 6세기가 되면서 새롭게 바꾼 것이 아케메네스 왕조 페르시아이다.

이란 고원에 정착해 메디아 왕국에 복속했던 아케메네스가의 키루스 2세는 기원전 550년에 메디아를 멸망시키고, 다음 황제 캄비세스 2세는 이집트를 정복해 오리엔트 세계를 다시 통일했다. 그리고 3대째인 다리우스 1세가 대제국을 건설한다.

동쪽으로 인더스강, 서쪽으로 지중해와 그리스 북부, 북쪽으로 흑해, 카스피해, 남쪽으로 이집트와 에티오피아에 이르는 공전의 대제국이었다. 제국의 수도 페르세폴리스도 전에 없는 규모를 자랑하며 궁전만 해도 높이가 12~14m이고 동서로 약 300m, 남북으로 480m나 되었다.

신바빌로니아에 포로로 잡혀 있던 유대인을 귀환시키거나 아람어를 관용어로 사용하는 등 이민족에게는 관용적인 제국이었다. 여러 민족의 문화와 언어, 사회를 포괄하면서 새로운 제국의 지배 질서를 구축하려고 한 것이다.

다리우스 1세는 통치 솜씨도 뛰어났다. 직할지의 이집트와 바빌로니아 외 지역을 20관구로 분할해 사트라프(총독)를 두는 한편, '왕의 눈', '왕의 귀'라 불리는 감찰관을 파견해 감시하는 일에 태만하지 않았다. 이처럼 제국은 용의주도한 것이다. 제국의 도시 페르세폴리스는 기원전 330년 페르시아에 침입한 알렉산더 대왕에 의해 파괴되어 폐허가 되지만, 1971년에 이란 건국 2500년 행사가 이곳에서 거행된 것처럼 이란인에게는 특별한 의미가 있는 유적이다. 페르시아의 성지일지도 모른다.

오리엔트의 변천

아시리아

기원전 612년 멸망

- 무거운 세금과 압제 정치로 복속 민족을 괴롭힘.

메디아
(~기원전 550년경)

신바빌로니아
(~기원전 538년경)

리디아
(~기원전 546년경)

이집트
(~기원전 525년경)

아케메네스 왕조 페르시아

- 중앙 집권 체제의 확립
- 군사력의 정비
- 재정 기반의 보호

제**3**장

고대 국가의 통일과 번영

Column

조로아스터교는 **메이드 인 페르시아**

유명한 조로아스터교는 기원전 6세기 전반, 페르시아의 땅에서 탄생했다.

『아베스타』를 기본 성전으로 하여 선(광명)의 신 아후라 마즈다와 악(암흑)의 신 앙그라 마이뉴가 상극을 이룬다. 주신을 위한 성화를 지키는 의례에서 유래하여 '배화교'라고도 불렸다.

이 조로아스터교는 아케메네스 왕조가 들어서면서 급속도로 퍼지고 나중에 사산조 페르시아에서는 국교로 채택된다. 인도와 중국으로 전파되어 '침묵의 탑에서 죽음의 불결함을 씻어 낸다'라는 조장(鳥葬) 풍습으로 널리 알려지게 된다. 그 뿌리는 페르시아였다.

다리우스 1세를 칭송하는 알렉산더대왕 아케메네스 왕조 페르시아를 구축한 다리우스 1세의 정복 영역은 에게해에서 인더스강에 이르기까지 사상 최대의 넓이였다. 그 나라를 멸망시키고 공전의 대제국을 건설한 사람이 알렉산더대왕이다. 다리우스 1세의 분묘를 방문했을 때 깊은 감동을 받고 묘비문을 그리스어로 번역하도록 명령했다.

47

18 신흥 그리스가 전제 제국 페르시아를 무너뜨리다

동방의 전제 제국에서 시민의 자유와 독립을 지킨 그리스의 폴리스 연합으로

미케네 문명 붕괴 후 4세기 동안 침몰해 있던 그리스가 각지에서 발흥하는 폴리스(도시 국가)와 더불어 기세를 되찾는다.

폴리스는 토성 벽으로 둘러싸인 중심 도시와 농촌으로 분리되고 중심 도시에는 신전을 모시는 아크로폴리스와 정치 논의, 경제 교역의 장소인 아고라(광장)가 있었다. 이와 같은 폴리스 중에서도 특히 기세를 몰아간 것이 아테네였다.

한편, 소아시아와 에게해 동쪽 연안의 그리스인이 지배하던 이오니아 식민 도시와 마케도니아 등 에게해 북쪽 연안 일대까지 지배하던 아케메네스 왕조 페르시아에게 폴리스는 호랑이 새끼와 같은 존재여서 충돌은 피할 수 없었다.

기원전 500년에 소아시아의 이오니아 식민 도시의 반란을 계기로 페르시아 전쟁이 발발한다. 다리우스 1세의 명령으로 출전한 페르시아 함대는 기원전 492년에 태풍을 만나 파멸한다. 기원전 490년의 두 번째 출전은 그리스 본토에 상륙 후 마라톤 전투에서 아테네군한테 패배하면서 고배를 마신다. 믿을 수 없는 패배였다. 기원전 480년에는 다음 왕인 크세르크세스 1세의 세 번째 원정에서 스파르타군과 대전. 테르모필레 전투에서 완승하지만, 테미스토클레스가 이끄는 아테네군과 벌인 살라미스 해전에서 대패한다. 강대한 해군력으로 페르시아 전쟁을 승리로 이끈 아테네가 제창하여 페르시아를 방위하기 위한 델로스 동맹이 결성되었다. 이 동맹은 다른 폴리스에 대한 아테네의 패권 확립을 증명했고 한편으로는 폴리스 사이의 분열과 항쟁을 자극해 대립 항쟁을 격렬하게 부추기는 기제가 되기도 했다.

어느 쪽이 정의이고 어느 쪽이 악인지를 판단하는 문제가 아니다. 역사의 여신은 먼저 아테네에 미소를 지어 준 것이다.

그리스 VS. 페르시아 전쟁 국면의 추이

마케도니아

라리사

테르모필레

플라타이아

살라미스

스파르타

에게해

아테네

마라톤

밀레토스

로도스

아케메네스 왕조
페르시아

기원전 492	페르시아군 제1차 침입	태풍으로 붕괴
기원전 490	페르시아군 제2차 침입	마라톤에서 패배
기원전 480	페르시아군 제3차 침입	테르모필레에서 승리하지만, 살라미스, 플라타이아에서 패배
기원전 499	칼리아스 평화 조약	

◀━━ 제1차 페르시아군의 진로
◀━━ 제2차 페르시아군의 진로
◀-- 제3차 페르시아군의 진로
▨ 이오니아의 반란 지역

Column

민주 정치 국가를 표방하는 **폴리스의 겉과 속**

신흥 국가 폴리스의 왕정과 귀족 정치에서 민주제로 이행해가는 과정에서 반복적으로 나타난 것이 참주 정치였다.

참주는 민중의 언어를 교묘하게 이용해 귀족 정치와 왕정을 비방하고 전제적으로 폴리스의 권력을 좌지우지하는 실천가를 말한다. 대중 영합주의, 중우 정치라고 번역되는 현대의 포퓰리즘 실천가와 같은 의미일지도 모른다.

이와 같은 참주의 출현을 막으려는 목적으로 도입된 것이 '도편추방제'이다. 시민이 추방하고 싶은 인물의 이름을 도자기 조각에 써서 투표하는데, 정쟁의 수단으로 자주 악용되기도 했다.

그리스인도 한편으로 만든 페르시아 제국의 포용력 그리스인의 도시 국가는 다리우스 1세가 이끄는 아케메네스 왕조 페르시아와 수없이 많은 전쟁을 치렀다. 다리우스 1세의 페르시아 제국은 포용력이 있어서 다수의 그리스인을 중요 자리에 등용하거나 참주 정치를 없애고 민주 정치의 부활을 도왔다. 그 포용력에 감동해 페르시아 쪽에 가담한 그리스인도 많았다고 한다.

제**3**장

근대 국가의 등장과 분쟁

49

19 이탈리아반도에 평민 주도인 공화제 로마가 출현하다

귀족과 평민이 대립하면서도 대외적인 협동으로 주변 도시 국가를 평정하다

기원전 8세기 이전 이탈리아반도 남부에는 남하한 이탈리아 민족들과 원주민 에트루리아인의 소도시 국가가 건설되었다. 테베레강 하류의 로마도 그중 하나였다.

초기 로마는 7명의 왕이 통치했다. 후반에 3명의 왕이 에트루리아인이었는데, 기원전 509년경에 마지막 왕이 추방되고 유력 귀족의 모임인 원로원이 실권을 잡는 공화 정치 제도가 된다. 원로원은 재빨리 1년 임기로 선출하는 집정관(콘술) 2명에게 최고 지휘관을 부여했다.

이후 공화제 로마는 주변 도시 국가를 잇달아 정복하여 팽창하였고, 내부에서는 경장보병과 중장보병을 책임지는 평민(플레브스)이 참정권을 요구하며 원로원 귀족과 싸웠다. 대외 전쟁에서 연전연승하여 공적을 쌓은 평민의 힘을 귀족들도 무턱대고 부정할 수는 없었다.

평민과 귀족은 여러 방면에서 대립했다. 평민의 호민관 선출, 평민회의 설치(기원전 5세기), 귀족의 독단을 허용하지 않는 성문법인 「12표법」 제정(기원전 450년), 집정관 중 한 사람을 평민에서 등용하는 법(기원전 367년), 평민회 의결이 원로원의 승인을 거치지 않고 국법이 되는 법 제정(기원전 287년) 등이다.

한편, 평민과 귀족의 동맹을 강화해 원주민 에트루리아인의 세력을 쫓아내고, 이탈리아반도 중남부의 원주민 삼니움족과 기원전 4세기 이후부터 이어진 전쟁에 결말이 나면서 남부 최대의 그리스인 식민 도시 타렌툼을 정복하고 기원전 270년경에는 이탈리아반도 전역을 통일한다.

이후 공화제 로마의 시선은 지중해로 쏠린다. 시칠리아를 발판 삼아 바다 건너 패권자 카르타고와의 대결을 구체적으로 계획한다.

로마 공화제의 완성까지

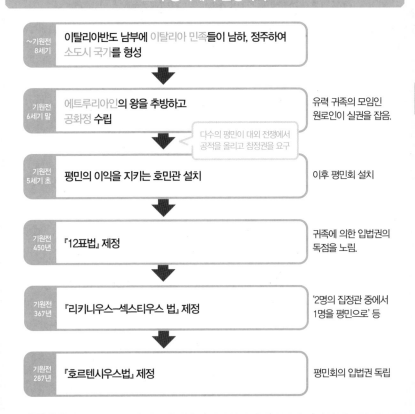

~기원전 8세기	**이탈리아반도 남부에** 이탈리아 민족들이 남하, 정주하여 소도시 국가를 형성

| 기원전 6세기 말 | 에트루리아인의 왕을 추방하고 공화정 **수립** | 유력 귀족의 모임인 원로인이 실권을 잡음. |

다수의 평민이 대외 전쟁에서 공적을 올리고 참정권을 요구

| 기원전 5세기 초 | **평민의 이익을 지키는 호민관 설치** | 이후 평민회 설치 |

| 기원전 450년 | **『12표법』 제정** | 귀족에 의한 입법권의 독점을 노림. |

| 기원전 367년 | **『리키니우스–섹스티우스 법』 제정** | '2명의 집정관 중에서 1명을 평민으로' 등 |

| 기원전 287년 | **『호르텐시우스법』 제정** | 평민회의 입법권 독립 |

Column

이탈리아 원주민, **에트루리아인의 수수께끼**

'로마를 건국한 사람은 누구일까?'에 대해 말할 때, 전혀 화제에 오르지 않는 대상이 원주민 에트루리아인의 존재이다.

에트루리아인은 이탈리아반도 중부에 정주하는 원주민으로, 언어와 민족적 특징이 불분명하다. 기원전 8세기에는 이탈리아 최대의 세력을 자랑하고 풍요로운 부와 그리스풍의 문화에 둘러싸여 있었다. 여기서 주목해야 할 점은 내세를 믿는 그들의 네크로폴리스(지하의 묘지)를 장식하는 웅장하고 화려한 벽화나 장신구, 부장품이다. 그리고 그 지하 제국을 구축한, 장대한 토목 기술력이 그대로 로마 제국에 계승되었다.

로마의 고향, 포로 로마노의 거대 묘지 로마의 중심부에 있는 포로 로마노에는 세계의 관광객이 넘치고, 여름에 베스타 신전에서는 고대 로마의 역사를 체험하는 〈소리와 빛의 저녁〉이 열린다. 이 유적은 로마의 건설자 초대 왕 로물루스가 세운 팔라티노 언덕 주민들의 묘지이다.

20 동서 융화를 꾀하는 알렉산더 대왕의 동방 원정

인도 서부까지 확장된 대제국을 구축하여 헬레니즘 시대의 문을 열다

왕이 지배하는 마케도니아는 폴리스가 주체인 그리스와 달리, 기원전 4세기 중반 필리포스 2세 때 국력을 강화해 그리스 전국을 침식하기 시작한다.

내부 투쟁으로 날 새는 줄 모르는 폴리스들을 하나씩 격파하면서 기원전 338년에는 아테네와 테베 동맹군을 카이로네이아 전투에서 무찌르고 마케도니아를 맹주로 하는 코린트 동맹을 발족한다. 그리고 그리스를 지배하고 페르시아 원정을 떠나려는 찰나, 필리포스 2세가 사망한다.

이때 등장하는 사람이 '알렉산더 대왕'이다. 그는 장창의 중장 보병 밀집대와 강력한 기병대를 이끌고 기원전 330년에는 가우가멜라 전투에서 페르시아군과 격전을 반복하다가 마침내 페르시아 제국을 멸망시킨다.

알렉산더 대왕은 인더스강에 이르러 동방 원정을 꿈꾸며 인도 정복을 꾀하지만, 결국 꿈을 이루지 못하고 돌아오는 도중 바빌로니아에서 죽는다. 계속되는 원정이 탈이 되어 병에 걸린 것인지 동방 원정 도중 쓰러져 버린 것이다.

알렉산더 대왕은 그리스인이 자신을, 이민족을 가리키는 명칭 '바르바로이'로 부른다는 사실을 알고 있었는지 모르지만, 스스로 그리스인이라 하면서 독자적인 문화관으로 폭넓게 동서 문화의 융합을 꾀하는 헬레니즘 문화를 전파하는 역할을 했다. 그런 의미에서 대왕이다.

원정지 중 하나인 이집트를 비롯해 각 지역에 20여 개나 되는 알렉산드리아 시를 건설하고 그리스인의 정착을 촉진해 헬레니즘 문화 보급에도 기여하지만, 이것도 그리스인의 한 사람으로서의 행동이었다. 대왕은 죽어도 이상은 죽지 않는다. 그리스에서 인더스강 주변까지 계속 살아 있던 것이다.

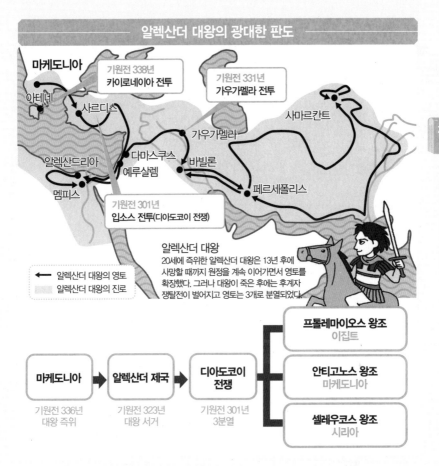

알렉산더 대왕의 광대한 판도

마케도니아

아테네

기원전 338년
카이로네이아 전투

사르디스

기원전 331년
가우가멜라 전투

사마르칸트

가우가멜라

다마스쿠스

알렉산드리아
예루살렘

바빌론

멤피스

페르세폴리스

기원전 301년
입소스 전투(디아도코이 전쟁)

알렉산더 대왕
20세에 즉위한 알렉산더 대왕은 13년 후에 사망할 때까지 원정을 계속 이어가면서 영토를 확장했다. 그러나 대왕이 죽은 후에는 후계자 쟁탈전이 벌어지고 영토는 3개로 분열되었다.

← 알렉산더 대왕의 영토
   알렉산더 대왕의 진로

프톨레마이오스 왕조
이집트

안티고노스 왕조
마케도니아

셀레우코스 왕조
시리아

마케도니아 → **알렉산더 제국** → **디아도코이 전쟁**

기원전 336년
대왕 즉위

기원전 323년
대왕 서거

기원전 301년
3분열

Column

나폴레옹도 존경한 **알렉산더 대왕**

그리스식으로 말하면 대왕의 이름은 '알렉산드로스'이지만, 영어 발음이 편해 '알렉산더'라고 더 불린다. 대왕의 동방 원정은 고대 그리스와 고대 오리엔트의 두 문화를 융화시켜 독특한 양식의 헬레니즘 문화를 만들어 낸 공적이 크다. 동양에서는 당연하게 여겨지는 불교를 그리스풍으로 조각한 작품도 있다.

대왕 개인에 대해서도 영웅시하며 존경하는 사람이 많았다. 역사에서도 유명한 카르타고의 장군 한니발, 로마의 종신 독재관이던 가이우스 율리우스 카이사르(시저), 그리고 나폴레옹이다. 현대에도 대왕의 이름과 연관 지어 이름을 짓는 사람이 많다.

역사를 초월한 거리, 알렉산드리아　카이로의 뒤를 이어 이집트 제2의 도시. 알렉산더 대왕이 원정 도중 각 지역에서 자신의 이름으로 건설한 그리스풍의 도시 제1호로, 여러 문화적 요소를 겸비한 개방적인 코스모폴리탄. 유럽과 미국의 분위기가 물씬 풍기는 국제도시이다.

21 춘추 전국을 통일하여 중국 최초의 통일 국가를 세우다

진왕 '정(政)'이 시황제라 칭하고, 중화 제국의 선례를 만들다

춘추 전국 시대를 이겨 내고 살아남은 것은 '진나라'였다. 기원전 221년에 주나라(동주)를 멸망시키고 중국 역사상 최초의 제국을 수립한다. 진(秦)왕 정(政)은 스스로를 '시황제'라고 칭했다. 이에 따라 중국 국가의 사회적 원형(原型)이 되는 근본이 결정된 것이라고 해도 과언이 아니다.

진나라가 승자가 된 첫 번째 이유는 지형의 장점을 살렸기 때문이다. 황허 지류의 웨이허강 유역 남쪽 끝 변방에 위치해 유목 민족의 시달림을 받았지만, 중원의 땅에서 싸우는 제국을 멀리서 관망할 수 있었기 때문에 전란의 피해를 직접 당하는 일이 적었다. 그리고 주적을 개별로 격파하면서 승리했다.

두 번째 이유는 나라 만들기를 과감하게 실행했기 때문이다. 신분 · 경력에 상관없이 유능한 인재를 채용하고 위(衛)나라 출신의 상앙(商鞅)에 '변법'이라는 내정 개혁을 실행하도록 한 것이 좋은 결과를 냈다. 법치주의, 도량형의 통일, 개간을 이용한 농업 장려, 중앙 집권을 위한 군현제 실시 등이다. 이를 통해 부국 강병을 실현했다.

세 번째 이유는 재상 이사(李斯)의 지배하에서 엄격한 법질서의 실행을 추구한 법가를 기용하고 유가의 반발을 분서갱유로 억압했다. 이 밖에도 문자와 화폐, 차축폭의 통일 등을 실시하고, 북방 유목 민족의 침공을 막기 위해 흙을 다져 올린 성벽을 연결해 만리장성(현존하는 장성은 명나라 때 축조된 것)을 축조했다.

이렇게 중화 제국의 출발점을 구축한 진 제국이었지만 지나치게 엄격한 지배 체제에 대한 불만이 분출해 시황제가 죽은 후 농민 반란을 돌파구로 각 지역에서 반란이 끊이지 않다가 결국 초나라 항우와 한나라 유방의 봉기가 일어나면서 기원전 206년에 멸망한다. 건국한 지 겨우 15년 후의 일이었다.

시황제의 나라 만들기

도량형의 통일·화폐의 통일·차축 폭의 통일	도시 간의 교역을 쉽게 해서 상업의 발전을 도왔다.
군현제의 전국 확대	중앙 집권제를 강화한다.
분서·갱유	유가의 반발을 억제하고 법으로 질서를 유지한다.
관료 기구의 정비	신분·경력에 상관없이 유능한 인재를 관리로 등용해 국정을 맡긴다.
민간 무장의 해제	내란을 막아 안정된 상태를 지킨다.
토벽 축성	외적의 침입을 막고 평화를 유지한다.

고대 국가의 통일과 분산

Column

법에 의한 지배 – 시황제의 '천하 제패 7가지 조건'

진나라가 최초의 제국을 개설할 수 있던 이유는 정왕의 뜻이 아닌 법에 따라 정사를 행사했기 때문이다. 주요 7가지 조건을 소개한다.

❶ 「십오(什伍)법」으로 10가옥을 '십', 5가옥을 '오'로 연대해 내부의 죄를 고발한 자에게 상을 주었다.

❷ 「분이(分異)법」을 정해 분가하지 않으면 세금을 2배로 내게 했다.

❸ 적의 모가지 하나로 작위 한 급을 올리는 등 군공 제도를 정했다.

❹ 군공이 없으면 종실 관계라도 용서 없이 호적에서 뺐다.

❺ 사투를 금지했다.

❻ 산업을 장려하고 세금을 많이 내는 자는 부역을 면제했다.

❼ 이십 등작 제도로 계급을 정했다.

시황제의 사자(使者) 서복이 일본에 왔다?! 진나라 시황제는 전국 시대를 살아남아 중국의 전국 통일에 성공하고 권력을 손에 넣은 후 불로장생의 영약을 얻고 싶어 서복(徐福)을 단장으로 한 대선단(大船團)을 편성하였다. 대선단은 큰 배 85척으로 구성되었고 동자·동녀 500명과 30년 분량의 식량 등이 적재되었다. 하지만 대선단의 목적지는 알려지지 않았다. 무슨 이유에서인지 일본 각지에 '서복 전설'이 남아 있다.

22 한왕 유방에서 문제로 이어지는 한 제국의 세계적인 발전

초대 중화 제국 진왕조한테 배운 한나라 왕 유방의 통치 방침

기원전 209년 농민 병사인 진승(陳勝)·오광(吳広)의 난은 일시적으로 '장초(張楚)'라는 나라를 세울 수 있는 기세였지만, 결국 농민 출신인 유방(劉邦)과 초나라의 명문 출신인 항우(項羽)의 싸움으로 국면이 전환된다.

한편, 진 제국의 궁정도 내분에 빠지고 2대 황제가 살해되면서 스스로 진왕으로 격을 낮춘 3대 황제는 구도읍인 함양에 가장 먼저 침입한 유방한테 항복한다. 한나라 왕이 된 유방은 항우와 대등한 입장이 되고 해하의 싸움에서 항우를 격파한다. 그리고 기원전 202년에 한왕조를 세워 초대 황제로 즉위한다.

유방은 긴 동란 후의 폐해를 우려해 잠시 휴양 정책을 선택한다. 병사에게는 공적에 상응하는 은전(恩田)을 베풀어 농업에 복귀시키고 토지세를 경감해 주었다. 민중들에게도 20등작 제도를 만들어 작위를 주고 위로했다. 그리고 작위를 통해 하나의 국가 질서로 편성했다.

또한 군현제의 실패를 경험 삼아 공적이 있던 군신과 일족에게 봉토를 주고 제후로 임명해 봉건제를 도입하고, 자신의 직할 지배지에는 군현제를 도입해서 군국제를 시행한다. 상황에 따른 유연한 발상이 내정의 안정은 물론 농업을 비롯한 생산력과 세수를 증대시키면서 제국의 기반을 강화했다.

진 제국 이후에 중국 왕조를 계승한 한 제국은 서력기원의 전후, 대체로 각각 200년씩 전한과 후한으로 분단되면서도 400년에 걸쳐 중국을 지배했다. 이에는 초대 왕조라 평할만한 진 제국의 실패를 경험 삼아 유방(고조) 이후의 통치 방침 등 갖은 계책이 이용되었다. 제5대 문제(文帝)도 진나라의 엄격한 법률을 대폭 줄여 과혹한 형벌을 완화하고 인두세나 부역도 경감했다. 제6대 경제(景帝)도 문제를 본보기로 삼은 덕분에 '문경의 치세'라 칭송되었다.

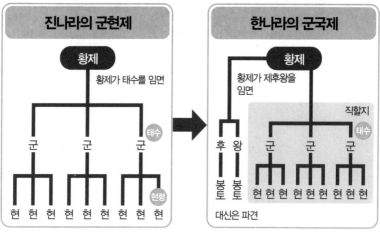

한나라와 진나라의 지방 행정 구조

진나라의 군현제

황제

황제가 태수를 임면

태수

군 군 군

현령

현 현 현 현 현 현 현 현 현

한나라의 군국제

황제

황제가 제후왕을 임면

직할지

태수

후 왕

군 군 군

봉토 봉토

현 현 현 현 현 현 현 현 현

대신은 파견

유방은 직할지에는 군현제를 설치했다. 이와 더불어 봉지에는 일족과 공신을 제후왕으로 임명해 자치적으로 정치를 하도록 했다.

시황제   유방

호화찬란한 묘지 – **남편보다 부인의 무덤?!**

한왕조의 창시자인 초대 황제 유방은 공적이 있는 일족이나 공신을 제후(왕)로 임명했는데, 어느 정도였을까? 이는 1971년에 후난성 창사시 근교에서 발견된 마왕퇴의 한묘를 보면 알 수 있다.

기원전 2세기 전반의 대신(大臣) 일가 무덤에는 1,100점 정도의 호화로운 부장품과 더불어 견직물로 둘러싼 부인의 몸이 생전 모습 그대로 매장되어 있다. 흥미로운 점은 먼저 죽은 남편의 무덤보다 부인의 묘가 크고 훌륭하다.

여존남비를 지레짐작하면 오산이다. 남편이 죽었을 때보다 부를 축적해 훌륭하게 만든 것일 뿐이다.

정사 속의 정사, 사마천의 『사기』 중국의 역사를 공부하려면 반드시 알아야 하는 것이 '정사'이다. 역대 왕조의 업적이 집대성되어 있기 때문이다. 이는 이전 왕조가 멸망했을 때 다음 왕조를 섬기는 사람들이 기술한 것이지만, 사마천의 『사기』는 한왕조 시대에 왕조를 세운 이후의 역사를 솔직하게 기록한 역사서로, 총 130여 편으로 구성되어 있다.

23 속속 배출하는 군소 국가들의 대륙에 대한 예

후한 광무제와 관련 있는 기타큐슈의 '한위노국왕'

에도 시대 1784년 기타큐슈 하카타(博多)의 시카노섬(志賀島)에서 '한위노국왕(漢委奴國王)'이라고 음각된 금인이 발견되었다. 일본에서는 지금까지 '한(후한)에 종속하는 왜의 나노국'에 하사된 금인으로 설명되어 왔다.

그러나 중국 역대 왕조의 황제가 책봉국의 왕에 하사한 금인 중 '한의 ●의 ●의 국왕'(한위노국왕 漢委奴國王)을 일본어로 풀이하면, 간(漢)의 와(委)의 나(奴)의 고쿠오우(國王)이다. 와(委)는 왜(倭)의 사람 인변 생략자로 추측된다. 즉, 신하한테 주는 일은 없다는 것이다. 하카다만 주변의 소국이 하사받는 일은 있을 수 없는 일이다.

따라서 긴 시간의 우여곡절과는 관계없이 글자 그대로 '간노이토고쿠오우'(漢委奴國王의 일본 한자음)로 읽는 것이 순리이리라. 『후한서』의 「동이전」에도 "건무 중원 2년(57년), 왜노국이 공물을 받들고 조하했다. 사신은 자신을 대부라고 칭했다. 왜국은 남쪽의 맨 끝 세계이다. 광무가 수인을 하사했다"라고 기술되어 있는데, '대부'라 칭하는 조하 사신이 왜노국왕에게 부여한 금인을 잠시 보관한 것으로 해석해 두자.

그렇다면 왜노국은 어디에 있었고, 어느 정도의 규모였을까? 아직은 밝혀지지 않았지만 국가 형성 도중의 집단이었다고 추측된다. 후세의 『위지 왜인전』의 「왜인전」에 기록된 히미코(卑弥呼)의 야마타이국(邪馬台国)조차 복수의 소국이 연합체로 형성된 원시 국가였다고 전해진다.

이렇게 불안정한 형성 도중의 원시 국가였기 때문에 연합체를 형성하는 소국가들을 감시하기 위해 '이토국(伊都國)'에는 위나라의 파견관인 일대솔(一大率)이 설치되어 있었다. 이 이토국으로 발전한 모체가 금인에 새겨진 '왜노국'이 아닐까?

후한, 로마 제국, 왜 등

로마 제국

서역 제국

선비

고구려

왜노국

파르티아 제국

쿠샨 왕조

후한

사타바하나 왕조

부남 왕국

Column

『전한서』에 기재된 **'왜인'의 나라**

고대 중국 관선(官選)이 쓴 『전한서』를 보면, 야요이 중기 일본 열도의 모습이 글자로 간결하게 요약되어 있다.

"낙랑 바다에 왜인이 있다. 100여 국으로 나뉘어 있고, 해마다 와서 예를 갖춘다."

'낙랑'은 한나라 무제가 기원전 108년에 고조선을 멸망시키고 조선반도를 4개의 군으로 나눠 지배했을 때 설치한 한사군 중 하나로, 지금의 평양 주변에 있었다. 여기에 일본인 선조가 정기적으로 인사하러 방문했던 것이다.

그즈음 일본 열도는 100여 국으로 나뉘어 있었다고 한다. 그리고 200년 후에 '한위노국왕'이 출현한 것이다.

100여 개국으로 나뉘어 있던 한나라 시대의 일본 『후한서』(지리지)에 일본에 관해 기술되어 있는데, 왜인의 나라가 100여 개국으로 나뉘어 전한 왕조가 설치한 조선 낙랑군에 정기적으로 공물을 들고 인사하러 갔다고 한다.

24 로마군, 클레오파트라의 이집트를 정복하다

절세 미녀한테 빠져 조국을 배신한 안토니우스를 옥타비아누스가 제거하다

공화제 로마에 종지부를 찍고 로마 제정 시대로 이행하는 계기가 된 것은 두 번에 걸친 로마군의 이집트 원정이었다. 처음은 기원전 44년, 카이사르(시저)가 '종신 독재관'으로 이집트 원정에 나섰을 때이다. 사실상 국가 원수로 로마군을 이끈 원정이었다.

그러나 귀국 후 카이사르는 암살당하고 새롭게 카이사르의 양자 옥타비아누스와 카이사르의 심복 안토니우스 그리고 레피두스로 이루어진 국가 재건 삼인위원회가 구성되지만, 각자가 통치하는 속주(屬州)의 부와 군대를 서로 쟁탈할 뿐이었다.

용맹한 무장이던 안토니우스는 이집트의 부와 여왕 클레오파트라의 매력에 포로가 되어 자기 목숨을 옥죈다. 이집트의 움직임에 불신을 가진 로마 원로원은 일치 단합해 옥타비아누스를 지지한다. 지지를 받은 옥타비아누스는 클레오파트라에 선전 포고를 한다.

옥타비아누스는 기원전 31년 악티움 해전에서 안토니우스 연합 함대를 격파하지만, 끈질기게 쫓지 못하고 일단 로마로 후퇴한 후에 기반을 다져 진영을 정비한 후 다시 이집트를 공략하러 떠난다. 안토니우스와 클레오파트라는 자살한다. 명문 프톨레마이오스 왕조는 멸망하고 로마의 속령이 된다.

로마 원로원은 기원전 27년 싸움에서 이기고 돌아온 옥타비아누스에게 최대의 경의를 표하고 '아우구스투스(존엄자)'라는 칭호를 수여한다. 이에 따라 그는 국가의 '제일인자(프린켑스)', 즉 원수가 되어 로마를 제정 국가로 이끌게 된다. 이후 로마 제국의 긴 역사가 시작된다.

삼두 정치에 등장하는 인물들의 상관관계

제1회 삼두 정치

독재정

제3회 삼두 정치

기원전 100년경~
기원전 44년

카이사르

● 평민 정치가
● 원로원과 손잡고 폼페이우스를 타도한 후 종신 독재관이 됨.
● 브루투스한테 암살당함.

기원전 63년~기원전 14년

옥타비아누스

● 카이사르의 양자
● 악티움 해전에서 안토니우스를 격파하고 지중해를 평정함.
● 초대 로마 황제

기원전 106년경~기원전 48년

폼페이우스

● 개방파의 정치가, 군인
● 처음에는 원로와 대립했지만, 나중에 손을 잡음.

기원전 69년~기원전 30년

클레오파트라

● 프톨레마이오스 왕조의 이집트 마지막 왕녀
● 카이사르와 안토니우스의 마음을 사로잡음.

기원전 82년~기원전 30년

안토니우스

● 카이사르의 부하
● 클레오파트라와 손을 잡았지만, 싸움에서 지고 물러남.

기원전 114년경~기원전 53년

크라쿠스

● 로마의 대부호
● 파르티아에서 전사

?~기원전 13년경

레피두스

● 로마의 장군
● 기원전 36년경 세력을 잃고 지위에서 물러남.

Column

클레오파트라의 비밀 – 편하게 죽는 방법을 연구

플루타르코스의 「영웅전 안토니우스 전」에는 클레오파트라가 만일에 대비해 뱀독의 효과를 실험하고 연구했다고 적혀 있다.

그녀는 치명적인 효과가 있는 독약을 수집해 사형수를 대상으로 하나씩 복용시켰다. 바로 죽는 독약은 고통이 심하고, 고통이 덜한 독약은 시간이 걸린다. 독을 가진 동물이 서로 물어뜯는 실험을 하기도 했다.

그 결과, 이집트 코브라에게 물렸을 때 마비와 고통이 없고 수면과 가벼운 발한 증상으로 잠이 들 듯 서서히 독이 퍼진다는 점을 발견했다.

이집트 코브라는 '살무사' 또는 '코브라'라고 하는데, 진위는 분명하지 않다.

수염을 깎는 습관은 고대 로마에서 시작되었다?! 수염이 있으면 근접 전투에서 수염을 잡혀 불리해지기 때문에 가벼운 돌 사이에 수염을 끼워 문질러 잘랐다. 당시 철학자 세네카는 공중목욕탕을 이용할 때마다 그 신음 소리를 포함한 여러 소리 때문에 시끄러웠다고 남겼다.

25 로마 제국의 분기점! 기독교를 공인하다

'신 앞에서 평등'은 다민족 국가 로마 제국에 딱 맞는 종교

신화의 신들을 받들어 국가 종교로 삼은 로마 제국은 원래 이교에는 관용적이어서 미트라교와 같은 동방의 신비적인 종교도 유행한 적이 있었다.

그러나 기독교는 유일신교이고, 우상 숭배나 황제 숭배도 거부하는 종교였기 때문에 황제 네로 이후 계속 박해를 받았다. 특히, 황제를 신으로 여기는 전제 군주제를 시작한 디아클레티아누스 황제의 박해는 한층 강해졌지만, 이것이 마지막 박해였다.

313년 콘스탄티누스 황제는 어떤 종교의 신앙도 모두 인정한다는 종교 관용령(밀라노 칙령)을 발표하였다. 기독교도 그중 하나로 공인된 것이다. 이로써 박해는 끝나고 교회는 공공연하게 활동할 수 있게 되었다.

그러나 예수 처형 후 이미 300년이 지나고 교리의 이해와 의식의 방법에도 해석이 분분해 신자 내부에서도 대립이 생겼다. 이때 콘스탄티누스 황제 자신이 니케아 공의회를 주최하여 교리의 통일을 도모했다.

그 결과, 예수 그리스도는 신의 아들이며 신성을 가진다는 관점에 정당성이 부여되고, 사람의 아들이라는 관점은 이단으로 단언되었다. 이후에도 교리를 둘러싼 싸움은 끝없이 반복되지만, 로마 제국의 국가 종교가 된다.

이는 종교 문제에 국한되지 않고 영토 확장이 추진되면서 많은 민족을 껴안게 된 로마 제국이 어떻게 제국 전체의 안정적인 지배를 실현할 것인지가 경영상의 근본 명제가 된다. 비단 라틴계의 로마인만이 아니다. 그리스인, 헤브라인 등 다민족의 집합체가 된 것이다.

'신 앞에서는 모두 평등하다'라는 신앙은 허울 좋은 사상이 되었다.

오현제 시대의 최대 판도와 동서 분열

> 트라야누스 황제 시대의 영토
> -- 395년에 테오도시우스 황제에 의한 동서 분열의 경계선

313년

밀라노 칙령

흑해

지중해

트라야누스 황제

- 오현제 시대의 두 번째 (재위 98~117년) 황제
- 이때 로마 영토는 가장 확장된다.
- 인도 등의 무역이 번성한다.
- 많은 로마풍의 도시가 건설된다.

마르쿠스 아우렐리우스 안토니누스

- 오현제 시대의 마지막 (재위 161~180년) 황제
- 정치에 혼란이 생긴다.
- 게르만인이 침입한다.
- 사산 왕조 페르시아가 대두한다.

Column

로마 제국의 절정 왕조 – **팍스 로마나**

카이사르(시저)는 공화제 로마를 상징하는 영웅이었는데, 제왕 시대로 바뀌면서 영토가 최대 판도까지 확장되어 최전성기를 맞이한다. 그 최전성기를 상징하는 것이 오현제 시대(96~180년)였다. 네르바, 트라야누스, 하드리아누스, 안토니누스 피우스, 마르쿠스 아우렐리우스 안토니누스로 구성된 5인 시대였지만, 최고의 5인은 아니다. 시종일관 비교적 온건한 정치인데도 '로마의 평화'를 상징하는 시대였다.

이후 로마 제국은 확대 발전하여 현상 유지, 축소, 분열의 시대로 이어진다. 그 원인이 된 것은 게르만 부족들의 민족 대이동과 제국 침입이었다.

폭군 네로의 기독교 박해　로마 제국의 황제 네로(1세기 중반)는 처음에는 스승 세네카의 보좌를 받으며 선정을 펼쳤지만, 차츰 난행이 심해지고 광기를 드러냈다. 큰 화재가 있었는데, 네로가 새로운 도시 계획 구상이 떠올라서 방화했다는 소문이 떠돌자, 기독교도를 방화범으로 몰아 무차별 체포하여 잔혹하게 처형하고 박해했다. 결국 자살로 생을 마감했다.

26 서유럽에 침입한 게르만 부족의 역할

로마 제국에 게르만인이 정착해 기독교로 개종하다

게르만 민족의 대이동은 중앙아시아에 정착해 있던 기마 민족인 훈족이 서방으로 이동한 데서 시작되고 동서 고트족이 쫓겨나면서 여러 부족 집단이 연쇄 현상처럼 이동했다고 설명되지만, 진상은 분명하지 않다.

원래 게르만인은 농경에 비료를 사용하지 않았다. '삼포식 농법'처럼 농지를 휴간하면서 사용하는 방법도 몰랐기 때문에 매년 경작지를 바꿔야 했다. 이는 목축민이 목축지를 찾아 이동하는 것과 마찬가지이다. 서서히 늘어나는 인구를 부양하기 위해서는 절대적으로 새로운 농작지를 개척해 보충해야만 했다.

그 결과, 서고트족은 이베리아반도, 동고트족은 이탈리아, 부르군트인은 남서 프랑스, 프랑크인은 북서 프랑스, 앵글로색슨은 브리튼섬에서 각각 건국한다. 가장 이동 거리가 길고 시간이 필요했던 반달족은 이베리아반도에서 북아프리카를 건너 과거의 카르타고에 도착하여 독자적인 나라 만들기를 추진했다.

이러한 게르만계 국가에 의해 서로마 제국은 멸망한다. 이때 장래의 유럽 세계를 예견하게 하는 프랑크 왕국이 등장하는데, 우연히 동아시아 세계에서도 '오호(五湖)'라는 목축민 집단이 출현해 계속 중국 내부에 침입함으로써 '오호십육국' 시대라는 난세의 시대로 진입한다. 동서에 이와 비슷한 움직임이 있었다는 점에 주목할 필요가 있다.

결국, 로마 제국에 게르만 민족들이 침입·정착해 기독교로 개종하고 새로운 국가와 사회 조직을 만들기 시작한다. 게르만 민족의 대이동은 유럽 역사를 고대에서 중세로 전환한 획기적인 사건이었다.

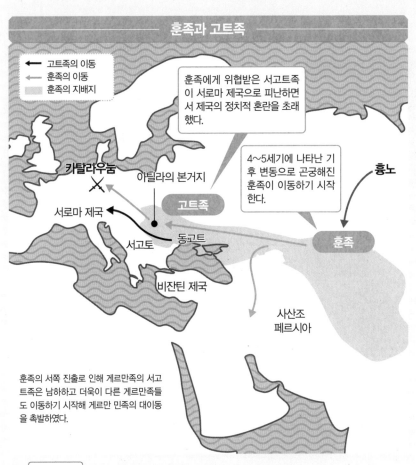

훈족과 고트족

← 고트족의 이동
← 훈족의 이동
▨ 훈족의 지배지

훈족에게 위협받은 서고트족이 서로마 제국으로 피난하면서 제국의 정치적 혼란을 초래했다.

4~5세기에 나타난 기후 변동으로 곤궁해진 훈족이 이동하기 시작한다.

흉노

카탈라우눔

아틸라의 본거지

고트족

서로마 제국

서고토

동고트

훈족

비잔틴 제국

사산조
페르시아

훈족의 서쪽 진출로 인해 게르만족의 서고트은 남하하고 더욱이 다른 게르만족들도 이동하기 시작해 게르만 민족의 대이동을 촉발하였다.

Column

『게르마니아』가 그린 **게르만 민족의 풍속**

게르만 민족의 풍속과 사회는 로마에서는 일찍부터 알려져 있었다. 카이사르(시저) 자신이 남긴 『갈리아 전쟁기』와 1세기 전후 타키투스가 쓴 『게르마니아』를 통해서이다.

게르만 민족은 파란색 눈동자와 금색 머리칼, 크고 강한 육체를 겸비하고, 왕과 사제를 부족에서 선출, 여성의 지위가 높고, 중요한 문제는 수장이 중심인 민회에서 결정한다 등의 내용이다.

수렵과 목축, 농경으로 생활하던 그들은 변경의 속주(屬州)에서 소작농과 용병에 고용된 사람이 대부분이었는데, 나중에는 군사령관이나 황제의 자리를 찬탈하려는 자가 나타나는 등 로마 문화에 익숙해지면서 변해간다.

기마 민족·유목민의 에너지 근원 ① 기마 기술에 뛰어난 특성을 가진 유목민. 특히 유라시아 대륙 내부에서 활약한 그들은 농경민과 교역할 뿐 아니라 자주 습격하기도 했다. 흉노, 돌궐, 몽골 등의 대제국을 만들어 세계사 변혁기에 중요한 역할을 한다.

27 국제 문화 국가인 당나라를 토대로 만든 수 왕조

짧게 생을 마친 수 왕조가 장기 정권을 잡은 당 왕조의 토대를 구축하다

북주 왕조의 대장군 양견(揚堅)은 황건의 난 이후 400여 년 동안이나 이어진 중국의 분열과 혼란을 제압하면서 수나라 왕이 되고, 589년에 어린 황제의 양위로 수 왕조를 열었다. 칭호는 '문제'이다. 그리고 바로 북의 돌궐을 치고 남쪽의 후량을 병합하여 진(陳) 나라를 무너뜨리면서 중국 통일을 이룩했다.

내정 면에서도 개혁을 추진해 개황율령(開皇律令)을 제정한다. 잔혹한 형벌을 폐하고 율법을 알기 쉽게 만들었다. 나중에 당(唐) 왕조는 이 개황율령을 답습해 율령 제도를 제정한다. 관직제에도 상서성, 문하성, 내사성을 설치하고 상서성에 인사 담당 '이부(吏部)', 재정 담당 '도지부(度支部)', 의례 담당 '예부(禮部)', 군사 담당 '병부(兵部)', 법무 담당 '도관부(都官部)', 토목 담당 '공부(工部)'를 두었다. 이밖에 9시(九寺), 어사대(御使臺)도 있었다.

더욱이 과거 제도도 실시했다. 오랫동안 관리의 임면권은 귀족 세력, 지방 호족의 세습에 일임되었지만, 실력을 검증하는 시험 결과로 정하게 된 것이다. 진보적인 면이 호평을 받아 황제가 다시 임면권을 쉽게 거머쥘 수 있었다. 이런 흐름을 보면, 수나라의 문제가 단시간에 정비한 제도는 274년에 걸친 장기 정권을 잡은 당 왕조에도 그대로 계승되어 실행된 것을 알 수 있다. 따라서 이와 같은 문제의 치세를 '개황의 치'로 재평가한다.

그럼에도 불구하고 수나라에 대한 평가가 낮은 이유는 초대 문제가 죽은 후 제2대 황제가 된 양제가 건설 도중인 왕조의 실체를 이해하지 못하고 대규모의 수도, 궁성 건설 외에 허베이(화북)에서 장난(강남)에 이르는 운하 공사에 100만여 명의 남녀를 징발하는 등 무리한 토목 공사가 겹친 데다 113만여 명의 대군을 징병하는 고구려 원정을 3회나 반복했기 때문이다. 그 결과, 무리한 정책으로 뒤탈이 나서 자멸하고 만다.

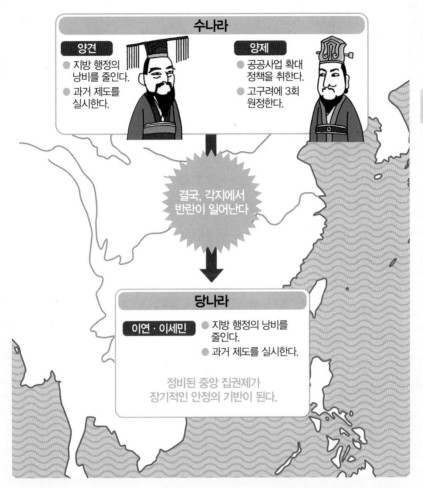

수나라

양견
- 지방 행정의 낭비를 줄인다.
- 과거 제도를 실시한다.

양제
- 공공사업 확대 정책을 취한다.
- 고구려에 3회 원정한다.

결국, 각지에서 반란이 일어난다

당나라

이연·이세민
- 지방 행정의 낭비를 줄인다.
- 과거 제도를 실시한다.

정비된 중앙 집권제가 장기적인 안정의 기반이 된다.

제4장

변화하는 아랍 세계와 유럽

기마 민족·유목민의 에너지의 근원 ②　그들은 유라시아 대륙의 동서를 연결하는 초원의 땅에서 활약했고, 때로는 오아시스길에 침공해서 농경민과 상업에 종사하는 민족을 지배해 국가를 형성했다. 흉노, 오호, 이란족, 터키족, 그리고 몽골족 등이다. 그러나 근대 사회가 시작되면서 빠른 속도로 뒤처진다.

28 전무후무한 세계 제국으로 군림한 대당국의 출현

중국 황제인 동시에 북방 민족의 천카간이 된 태종 이세민

이세민(李世民, 태종)은 수나라 말기 혼란기에 아버지 이연(李淵, 고조)과 함께 타이위안(太原)에서 군사를 일으켜 장안(長安)을 수도로 정해 당 왕조를 창건한다. 각지를 옮겨가며 전쟁을 치르고 할거하는 군웅을 평정한 후 626년에 마지막 라이벌인 형 이건성(李建成)을 무너뜨리고 제2대 천황으로 즉위한다.

주목할 점은 그때 넘어뜨린 형 건성의 휘하에서 등용된 자를 사람들 앞에서 간언하게 하면서 항상 스스로를 엄하게 규율하게 한 점이다. 그리고 부역, 형벌을 경감해 3성 6부제를 엄격하게 실시하고, 군사 면에서도 군대 훈련을 시찰하여 표창 제도를 실시하였다. 당의 세력은 급속도로 강해졌다.

629년에는 염원이던 돌궐 토벌을 실시하였다. 돌궐의 수장인 일릭 카간을 포로로 삼아 지배하에 두었을 때 족장 등이 장안에 집결해서 태종에게 북방 민족의 수장인 카간보다 높은 위치의 군주를 의미하는 '천카간(天可汗)'을 바친다. 중국 황제이면서 동시에 북방 민족의 수장 지위도 겸하게 된 것이다.

더욱이 서역 교역의 터미널인 고창국(高昌國)을 무너뜨리고 직할국으로 삼은 덕분에 국제적인 교통망이 열리고 465년에 인도에서 대량의 불전을 가지고 돌아온 현장법사를 후하게 대접하여 한문으로 번역하게 하는 등 국제적인 문화 교류, 경제 활동에도 힘을 쏟았다.

이러한 행적 전부를 통틀어 '정관의 치'라 칭하고 후세에도 '이상적인 정치가 이루어진 시대'로 전해진다. 수말당초(隋末唐初)의 국토 황폐와 혼란에서 국토를 회복했을 뿐 아니라 당 왕조 발전의 토대를 구축한 점 등 북방 이민족의 위협을 물리친 점, 장기에 걸친 우호 관계를 유지한 점 등 중국 역사상 손에 꼽을 만큼 훌륭한 명군으로 칭송받는다.

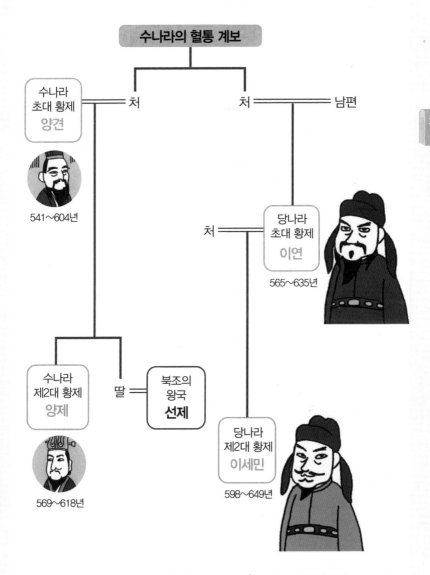

수나라의 혈통 계보

수나라
초대 황제
양견

처

처

남편

541~604년

당나라
초대 황제
이연

처

565~635년

수나라
제2대 황제
양제

딸

북조의
왕국
선제

당나라
제2대 황제
이세민

569~618년

598~649년

제**4**장

변화하는 아랍 세계와 유럽

💡 **쌍벽을 이루는 당나라 시인, 이백과 두보**   육조 시대부터 번성했던 한시는 당나라 시대에 '칠언율시'의 정형이 완성된다. 그 대표적인 작품을 만들어 낸 것이 '이두'라 불리는 이백과 두보이다. 이백은 자유분방하게 술과 은거 생활을 즐겼고, 두보는 '나라는 무너져도 산하는 남아'라며 안사의 난으로 황폐해진 장안을 읊은 시로 유명하다.

29 대당국을 상대로 일본국으로 칭하다. 천자에 대항해서 천황으로 칭하다

백촌강 싸움에서 당에 패배하고 일본식 율령제 국가를 건설

덴무 천황은 대당국과 대결할 것을 천명하고 국명을 왜국, 야마타이국에서 '일본국'으로 바꾸고, 중국 황제에 대항해 천황이라 칭한 최초의 천황이라는 점을 명확히 해 두겠다.

일반적으로 알려진 덴무 천황의 업적은 다음과 같은 것이 아닐까?

덴무 천황의 조정에서는 태정 대신은 물론, 좌우 대신조차 없었다. 황후와 황자로 최고 수뇌부를 구성했다. 토지와 농민에 대한 직접 지배를 강화하기 위해서였다. 그리고 이세신궁을 동국 경영의 거점으로 삼아 천황가의 선조신을 모시는 신사로 삼았다. 이세신궁을 특별하게 취급하는 것은 이때 시작되었다.

더욱이 국가 행정의 근본인 국사 편찬 사업에 착수해 높아지는 국가 의식을 고양시키고 『고지키』, 『니혼쇼키』 편찬 사업에 힘을 쏟아부었다. 그리고 『아스카 키요미하라령(飛鳥浄御原令)』 제정으로 드디어 율령 국가의 진수를 드러냈다.

종래 덴무 천황론은 이와 같은 기술로 끝났다. 그런데 무슨 이유 때문인지 중요한 사실이 전해지지 않았다.

중국의 사서인 『신·구당서』에 따르면, 함형(咸亨) 원년·덴지(天智) 9년(670년), 일본국의 견당사가 당나라를 방문했을 때 사신이 '왜국'이나 '야마타이국'이라 불리던 국명을 몹시 싫어해 '일본'으로 변경했다며 당나라 조정에서 큰소리로 공언했다는 기록이 있다.

덴지 2년(663년)에는 백촌강 싸움에서 나당 연합군에 패배하고 큐슈에 수성(水城)과 오노성(大野城)과 같은 산성을 축조해 방위를 강화한 후 덴지 6년(667년)에는 도읍을 오우미(近江)로 옮기고 얼마 지나지 않았을 때였다. 뒤를 이은 덴무 천황이 그 기본 노선을 굳건하게 유지한 것은 말할 필요도 없다.

덴무 천황의 나라 만들기

임신의 난에서 승리

제40대 천황으로 즉위

덴무 천황

천황 독재의 율령 국가

1 토지·농민에 대한 지배 강화

부곡(部曲) 폐지, 팔색성(八色姓)을 정해 신분 질서를 편성한다.

2 이세신궁을 천황가의 선조신으로

이세신궁을 동국 경영의 거점으로 천황가의 선조신으로 모시는 신사로 삼았다.

3 국사 편찬

천황 계보의 기록, 오래된 기록 등의 낡은 자료를 정리해 『고지키』, 『니혼쇼키』 편찬에 착수한다.

4 아스카키요미하라령 제정

율령 국가 사상을 전면 개시한다. 지토천황 시대(689년)에 시행하였다.

Column

축문의 축사 – 오오야마토 히타카미국

일본국의 뿌리를 찾는 열쇠는 의외로 가까운 곳에 있다. 축문인 '오하라에노 고토바(大祓詞, 신도에서 죄와 더러움을 떨치기 위한 축사)'이다. "그 계신 곳은 세상천지의 중심이자 오오야마토 히타카미국을 평화롭게 다스리시고자 초석을 다지시고."라는 한 구절이 있다.

'다타루카미오우쓰시야루 고토바(遷却崇神詞, 신도에서 역병이나 천재 지병을 떨치기 위한 축사)'에도 이와 비슷한 구절이 있다. "그 하늘에서 내려오신 곳은 세상천지의 중심이자 오오야마토 히타카미국을 평화롭게 다스리시고자 초석을 다지시고." 완전히 똑같은 취지의 말로 대부분 정형적이라고 해도 괜찮다. 그렇다면 오오야마토(大倭)와 히타카미국(日高見國)은 서로 다른 나라이고 평화롭고 풍요로운 나라를 만들자는 것이 양쪽의 축사이지 않을까?

이세신궁의 역사는 덴무 천황에서 시작된다 아마테라스 오미카미(天照大御神)를 모시는 이세신궁은 언제부터 천황가의 뿌리가 되었을까? 덴무 천황이 오아마 황자였던 시대에 임신의 난이 일어났을 때 이세신궁을 걸기 부대의 집결기지로 삼아 승리하면서 지위를 굳혔다. 스이코 천황(推古天皇) 이후 사이오(齋王: 이세신궁에서 무녀로 봉사한 미혼의 여자 황족)을 임명하기 시작하고, 천황가의 씨족신 신사로서의 지위를 확정했다.

30 아랍인을 제외하고 순식간에 확산된 이슬람교

동쪽으로는 당 제국, 서쪽으로는 동로마 제국과 접촉하여 양 날개를 단 대제국이 되다

우마이야 왕조의 뿌리는 유일신 알라의 계시를 받아 이슬람교를 개교한 예언자 무함마드(마호메트)까지 거슬러 올라간다.

그런데 무함마드는 후계자를 지명하지 않고 죽어서 무슬림(이슬람교도)은 동요하고, 무함마드의 친구이자 양아버지이기도 한 아부 바크르가 초대 칼리프(신의 사도의 대리인)로 선출된다. 실질적인 이슬람 공동체의 지도자이다.

이슬람 공동체는 칼리프 제도하에서 4대째 이어진다. 그 사이에 지하드(성전)를 반복해 가르치며 전파·확대에 힘을 쏟는데, 제4대 칼리프인 알리가 라이벌인 시리아 총독 무아위야한테 암살당하면서 종언된다. 무아위야의 우마이야 왕조 시대로 옮겨간다. 우마이야 왕조 시대가 되자, 7세기 후반부터 동서로 진격을 개시하고 이슬람 세계는 순식간에 확대된다.

동쪽으로는 당에 접해 있는 소그드인의 땅과 페르가나 지방까지 정복하여 중앙아시아가 이슬람화되는 길을 열었다. 서쪽으로는 북아프리카를 정복해 지브롤터 해협부터 이베리아반도까지 진출하고 711년에 서고트 왕국을 멸망시킨다. 더욱이 피레네산맥을 넘어 프랑스로 침입하지만, 프랑크 왕국군한테 격퇴당한다. 이후 남쪽 이베리아반도는 700년 이상 피레네산맥을 경계로 이슬람 세계가 된다.

동서로 날개를 펼친 우마이야 왕조는 코란의 문구를 새긴 아랍 화폐를 주조하고 공용어를 아라비아어로 통일한다. 이로써 이슬람 세계의 경제와 교통, 행정 기구가 원활하게 돌아가기 시작한다.

하지만 아랍인의 지배적인 지위가 분명해지면서 피정복지의 이민족들은 토지세와 인두세를 걷는 것에 불만을 드러내게 된다.

이슬람교의 확대와 성전

무함마드에서 우마이야 왕조까지

570년경	610년경	630년경	632년경	661년경
무함마드가 태어남.	무함마드, 신의 계시를 받음.	무함마드, 아라비아반도를 통일	무함마드 서거. 아부 바크르 초대 칼리프가 된다. (시리아, 이집트, 그리고 사산 왕조 페르시아 영토로 판도를 확장한다)	무아위야가 제4대 알리와 전투, 새로운 칼리프를 선언한다. (시아파와 수니파로 분열한다)

732년 투르푸아티에 전투

프랑크 왕국

비잔틴 왕국

752년 탈라스 전투

피레네산맥

이베리아반도

콘스탄티노플

지중해

바그다드

시리아

팔레스티나

711년 서고트 왕국을 멸망시킨다.

642년 나하반드 전투

● 메디나

● 메카

← 무슬림의 진출 방향

Column

이슬람의 율법 – **성전 지하드**

이슬람 세계에 있어 이교도와의 전쟁은 '성전'이고, 설사 죽더라도 '순교'이기 때문에 사기가 높았다. 이것이 바로 아랍군이 강인한 비결이다.

그리고 또 하나가 있다. 아랍의 이동 수단인 낙타이다. 사막의 모래바람에도 강하고 며칠 동안 계속되는 갈증과 굶주림에도 강하다. 낙타는 이동에 필수 불가결한 수단이다. 그러나 전투 행위는 이와 다르다.

아랍인은 막상 전투가 시작되자 말로 갈아탔다. 말이 아니고서는 속도가 필요한 전투에서 승리하지 못한다. 적에게 선수를 뺏기면 후수가 불리한 위치에 놓일 수밖에 없다.

이동에는 낙타, 전투에는 말을 능숙하게 구분해 이용한 것이다.

지금도 계속되는 시아파와 수니파의 싸움 분열은 7세기, 개조 무함마드가 죽은 후에 계승자 싸움이 시작되었다. 시아파는 이슬람 사회의 지도자는 무함마드의 혈통인 알리와 그 자손 중에서 선택해야 한다고 주장하고, 수니파는 혈통은 관계없고 순나(관행)를 중시해야 한다고 주장한다. 수니파가 이슬람 사회의 90%를 차지한다.

31 동유라시아의 장안에 비견하는 서유라시아의 국제도시, 바그다드의 발전

급성장한 이슬람 세계는 아바스 왕조와 후우마이야 왕조로 분열

비아랍인 세계에 이슬람 개종자 마와리가 생겨나면서 민족들 간의 풍습과 생활 규칙의 차이로 대립하거나 불만이 폭발한다. 그리고 우마이야 왕조 자체를 타도하려는 움직임까지 나타난다.

예언자 무함마드는 '이슬람 공동체의 지도자는 무함마드가의 출신자가 적합하다'라는 사상을 이용해 마와리와 시아파의 반우마이야 세력을 등에 업고 동부 이란에서 봉기한다. 750년 아바스 왕조를 수립한 이듬해에 우마이야 왕조를 멸망시키고 이슬람 세계의 패권자가 된다.

그러나 우마이야 왕조의 칼리프 일족도 끈질겨서 이베리아반도로 탈출한 후 코르도바를 수도로 삼아 우마이야 왕조를 설립한다. 세력 범위는 겨우 이베리아반도에 한정되었지만 이슬람 공동체는 동서로 분열하게 된다.

신흥 아바스 왕조는 시아파를 억누르고 제2대 칼리프로 알 만수르를 선출한다. 이때 바그다드에 장대한 원형 신도시를 세우고 당 제국의 수도 장안과 어깨를 견주는 세계 최대의 도시로 알려지면서 공전의 번영을 누린다.

이 시대에는 이슬람법이 정비되어 비아랍인에 대한 차별을 없앤다. 오히려 아바스 왕조 탄생에 공헌한 아랍인이 군대와 관료 기구에서 중시되고 수도도 바그다드가 되었으므로 아랍인 단일 지배에서 벗어난 진정한 이슬람 공동체가 실현되었다고 봐도 될 것이다.

그러나 이란, 시리아, 이집트는 총독 밑에 독자적인 군대가 있고 독자적인 판단으로 움직였다. 당연히 칼리프의 주권에 이반하고 내부에서부터 변질되기 시작했다.

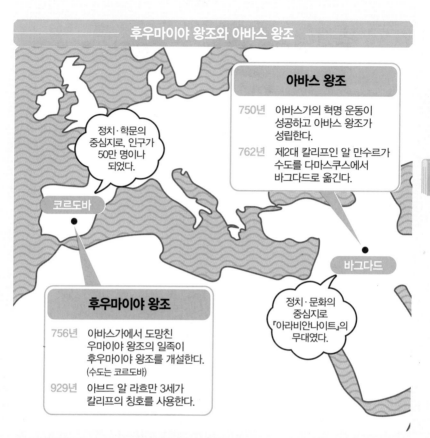

후우마이야 왕조와 아바스 왕조

아바스 왕조

750년 아바스가의 혁명 운동이 성공하고 아바스 왕조가 성립한다.

762년 제2대 칼리프인 알 만수르가 수도를 다마스쿠스에서 바그다드로 옮긴다.

정치·학문의 중심지로, 인구가 50만 명이나 되었다.

코르도바

바그다드

정치·문화의 중심지로 『아라비안나이트』의 무대였다.

후우마이야 왕조

756년 아바스가에서 도망친 우마이야 왕조의 일족이 후우마이야 왕조를 개설한다. (수도는 코르도바)

929년 아브드 알 라흐만 3세가 칼리프의 칭호를 사용한다.

Column

비아랍인의 사회와 공존 – **활발한 상업 경제와 문화**

이슬람 공동체는 화폐, 교통로, 시장을 정비하고 무역 활동과 유통 네트워크를 확대했다. 지방 분산형 농업사회였던 서양 기독교 세계와 비교해 이슬람 세계의 활발한 상업 도시형 성격이 두드러졌다.

동시에 많은 이민족 사회를 포섭해 그리스·로마 문명을 계승하고 이슬람 문화와의 융합으로 문화의 고도화도 달성하였다. 아바스 왕조가 쇠퇴해도 상업 유통의 발달과 문화적인 발전에는 아무런 지장이 없었다.

이슬람 공동체는 칼리프의 권위를 무시하고 이란, 이집트 등에서 아바스 왕조를 해체, 독립의 움직임이 진행될 정도로 발전했다.

공중 폭격당한 '평화로운 도시' 바그다드　걸프 전쟁으로 미군의 공중 폭격을 당한 이라크 도시 바그다드의 역사는 오랜 옛날 함무라비 왕까지 거슬러 올라간다. 아바스 왕조의 수도로 선택된 이유는 티그리스 호반에 있고 교역에 편리하기 때문이다. 삼중 성벽으로 둘러싸인 원형 도시의 가장 안쪽 성문 안에는 황금 궁전과 모스크가 우뚝 솟아 있고 칼리프의 가족과 친위대만 들어갈 수 있었다.

32 로마 교회와 결탁한 칼 대제의 원대한 꿈

서로마 황제의 전통과 로마 가톨릭교회, 2개의 권위가 합체

프랑크 왕국은 서유럽의 중추부를 구성하는 프랑스, 독일, 이탈리아의 근대 국가가 탄생하는 모체가 된다. 프랑크 왕국의 역사는 이런 의미에서 현대인에게 흥미로운 화제가 된다.

원래 프랑크족의 발생지는 라인강 하류, 하구 일대이다. 그래서 일찍부터 로마 제국과 친밀한 관계를 유지하면서 세력을 키웠다. 그러다 481년에 메로빙거 왕조의 클로비스가 지족(支族)들을 압도해 프랑크 왕국을 수립한다.

그리고 라인강에서 대서양, 가론강까지 지배 구역을 확대하자, 동로마 황제는 클로비스를 서로마 제국의 계승자로 간주하게 된다. 클로비스가 가톨릭으로 개종하자, 로마 교회도 흡족해하며 프랑크 왕국과 연대한다.

그러나 클로비스의 사망 후 프랑크 왕국은 4개의 나라로 분열된다. 그중 하나인 아우스트라시아 왕가의 궁재(재상)이던 카롤루스 왕조가 대두한다. 그리고 피피누스 3세(단신왕)의 시대에 로마 교황의 '왕에 어울리는 적격자다'라는 지지를 받으며 메로빙거 왕조의 왕을 퇴위시키고 자신이 왕으로 즉위한다. 카롤루스 왕조의 프랑크 왕국은 피피누스의 아들인 카롤루스 대제가 지배자가 되어 왕권을 확립하고 전성기를 맞이한다.

동쪽은 아시아계 아바르족을 격퇴하고, 바이에른 공작을 따라 북쪽의 강력한 세력인 색슨인을 제압한다. 남쪽은 북이탈리아의 랑고바르드 왕국을 정복하고 빼앗은 영지를 로마 교황에게 바친다. 이로써 로마 교회와 더욱 친밀해진다.

800년의 크리스마스 날, 성베드로 성당에서 교황 레오 3세로부터 로마 황제로 선출된 카롤루스 대제는 성권(교황)과 속권(군주)을 겸비한 서유럽 세계의 권위를 확립한다.

프랑크 왕국의 발전

451년

아틸라가 이끄는 훈족을 갈리아에서 격퇴한다.

481년

메로빙거 왕조 클로비스가 지족들을 통합해 프랑크 왕국을 건국한다.

496년

클로비스부터 가톨릭으로 개종한다.

507년

서고트 왕국을 남 갈리아에서 무찌른다.

클로비스

511년

클로비스 서거와 더불어 4개의 나라로 분열된다.

재통합·분할을 반복

732년

카롤루스 마르텔루스(카롤링거 왕조 궁재)가 이끄는 프랑크군이 이슬람군을 무찌른다.

751년

프랑크 왕국의 피피누스가 카롤루스 왕조를 발전시킨다.

756년

피피누스, 랑고바르드족을 무찌르고 라벤나 지방을 교황에게 바친다.

800년

카롤루스 대제가 교황 레오 3세로부터 로마 황제 대관을 받는다.

카롤루스 대제

Column

칼로링거 르네상스의 주인공, **샤를마뉴**

다민족과 부족을 평정하고 서유럽 일대 제국을 되살린 카롤루스 대제, 샤를마뉴는 기독교(로마교회)를 확산시키기 위해 라틴어 교육을 보급하고 학문 예술의 문화 발전에 힘을 쏟았다. 그래서 '칼로링거 르네상스'라고 불린다. 샤를마뉴는 〈롤랑의 노래〉나 무수한 무훈시, 중세의 전설적 영웅전에서 읊어졌다. 또한 그는 프랑스와 독일 두 나라 민족의 왕, 조상으로 칭송되었다.

후세의 나폴레옹과 히틀러까지도 그 명성을 칭송하며 이용했는데, 유럽 회의에서도 유럽 통합 운동에 공헌한 상을 헌상하는 데 그 이름을 이용한다.

유럽 각지에 영향을 미친 게르만 법전 「살리카 법전」은 현재 벨기에를 건국한 프랑크족의 관습법을 성문화한 것으로, 게르만 부족 중 가장 오래된 대표 법전이다. 자주 개정되지만, 게르만 고유법의 요소가 남아 있다. 각종 속죄금이나 유명한 살리카 법전의 왕위 계승법 등이 있다. 후세에도 큰 영향을 미쳤다.

33 왕국의 분열로 프랑스 · 독일 · 이탈리아 삼국의 기초가 만들어지다

프랑크 왕국의 분열과 동시에 서유럽의 중세 봉건사회가 형성되다

로마 황제의 제관을 받은 카롤루스 대제가 죽자마자 상속을 둘러싼 싸움이 시작된다.

손자대인 843년에는 프랑크 왕국을 셋으로 분할한 '베르됭 조약'을 체결한다. 이로 인해 '중', '서', '동' 3개의 나라로 분할되고, 870년에는 '메르센 조약'으로 북이탈리아를 제외한 중부 프랑크가 다시 분할되고 동서 프랑크로 병합된다. 그 결과 지금의 현대 프랑스, 이탈리아, 독일의 골격이 형성되었다.

일시적으로 황제 카롤루스 3세(비만 왕)가 삼국의 왕을 겸하려는 움직임도 있었지만 북쪽의 위협, 즉 바이킹이 파리를 습격했을 때나 있을 법한 일로 황제가 다른 토지의 약탈을 부추기는 모습을 본 제후가 너무 기가 막힌 나머지 황제를 폐위시키는 사건(887년)도 있었다.

이렇게 프랑크 왕국은 소멸하고, 새롭게 대두하는 세력도 없이 '바이킹'이라는 북쪽 해적 집단의 난폭으로 공포에 떠느라 동쪽에서 침입하는 아시아계 마자르인의 움직임을 경계하였지만 반격할 힘은 없었다. 설상가상으로 언제 움직이기 시작할지 알 수 없는 이베리아반도의 후우마이야 왕조의 기분 나쁜 침묵이 계속되었다.

이렇게 조용해진 서유럽에서 천천히, 아주 조용히 진행되던 것이 봉건 사회의 조직화였다. 즉, 카롤루스 대제의 시대, 지방 장관으로 임명된 자나 봉토를 부여받은 제후, 기사들 사이에서 각자의 상하 관계를 확인하면서 주종 관계를 계약하고 자신의 안전과 이익을 지키려던 것이다. 상위 사람(군주)이 하위 사람(영주)에게 토지를 주고 그것을 보호하는 대신 하위 사람은 상위 사람에게 일정한 세금을 내고 군 복무의 의무를 졌다. 이른바 쌍무 계약 시스템이었다.

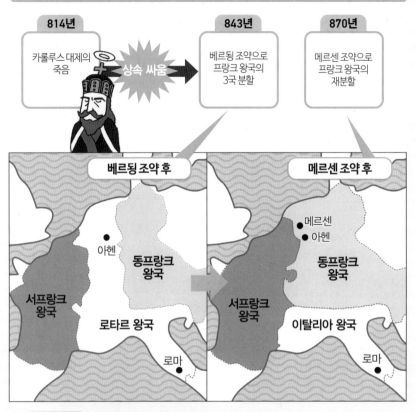

프랑크 왕국의 분열

814년
카롤루스 대제의 죽음

상속 싸움 →

843년
베르됭 조약으로 프랑크 왕국의 3국 분할

870년
메르센 조약으로 프랑크 왕국의 재분할

베르됭 조약 후
- 아헨
- 동프랑크 왕국
- 서프랑크 왕국
- 로타르 왕국
- 로마

메르센 조약 후
- 메르센
- 아헨
- 동프랑크 왕국
- 서프랑크 왕국
- 이탈리아 왕국
- 로마

Column

약탈과 원정을 반복하는 해적 집단, **바이킹**

바이킹은 노르만인(북쪽 사람)이라고도 불리지만, 북유럽어로는 '협강에서 온 자', '(해적질에) 나간 다'라는 의미도 있다.

그 정체는 노르웨이인, 스웨덴인, 데인인의 수장이 측근들을 이끌고 약탈을 목적으로 군선을 타고 원정을 반복한 해적 집단이었다.

북해나 발트해에서 러시아를 습격했다 싶으면, 브리튼 제도나 아일랜드, 프랑스, 이탈리아 각 방면에까지 원정을 반복했다.

그리고 잉글랜드에 데인 왕조, 서프랑크의 센강 하구에 노르망디 공화국, 러시아에 노브로드 왕국을 세우는 등 각 지역에 많은 흔적을 남겼다.

그리스 원정의 시작 기독교 역사를 펼쳐 보면 이해하기 어려운 내용이 많다. 가톨릭교회와 프로테스탄트 교회는 이해할 수 있지만, 중세에 교회가 5곳으로 갈라지면서 로마 정교회(서방 교회)와 콘스탄티노플 교회(동방 정교회)가 병립했다. 현재 전자는 가톨릭교회, 후자는 그리스 정교회가 되었다.

34 이슬람 세계에 대두한 터키계 부족 집단

중앙아시아의 터키화 = 투르키스탄이 이슬람 세계의 판도를 바꾸다

6세기 이후, 중앙아시아에서는 터키계 돌궐족의 지배가 시작되었고 9세기 후반에는 같은 터키계의 위구르족이 정주하면서 중앙아시아의 터키화가 진행되었다. 이와 동시에 터키의 이슬람화도 진전되어 10세기가 되면 중앙아시아에 첫 터키계 이슬람 왕조인 카라한 칸국이 출현한다. 이렇게 중앙아시아에서 일어난 일련의 터키화와 이슬람화를 총칭해 '투르키스탄'이라고 한다.

더욱이 11세기 중반 토그릴 베그가 셀주크 제국을 세우고 바그다드에 입성한다. 그리고 부예 왕조의 지배하에 있던 칼리프를 구출한 공적으로 술탄(영주권)의 호칭을 얻고 다음과 같은 3가지 개혁을 단행한다.

첫째, 부예 왕조의 이크타 제도를 채용한다. 군인한테 현금으로 봉급을 주지 않고 분여지와 토지의 징세권을 준다. 둘째, 신학, 법학을 배우는 니자미야 학원을 개설해 수니파를 지원한다. 기세를 타고 한때 예루살렘을 점령하고 비잔틴 제국으로 침입한다. 셋째, 기마 전사로 무예와 충성심을 평가받는 노예병 맘루크를 중시한다. 맘루크 군대를 수천 명이나 거느린 칼리프가 있을 정도로 맘루크는 이슬람 제국에는 없어서는 안 될 존재가 되었다. 더욱이 노예에서 해방되고 중요한 자리에 채용되어 칼리프의 존폐까지 참견하게 된다.

그 결과, 살라딘이 이집트에 세운 아이유브 왕조를 무너뜨리고 1250년에 맘루크 왕조가 세워지기까지 한다. 맘루크 왕조는 몽골군의 침입을 완벽하게 격퇴해 왕조 설립 후 250년이나 이어졌다.

터키계 부족이 중앙아시아에서 이슬람 세계의 챔피언이 된 것이다.

셀주크 왕조의 정치

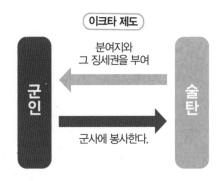

이크타 제도

분여지와
그 징세권을 부여

군인 ← 술탄

군사에 봉사한다.

1	2	3
이크타 제도의 채용	**학원의 설립**	**맘루크를 중요 자리에 채용**
군인한테는 봉급 대신 분여지(징세권)를 부여한다.	수니파의 진흥을 위해 교학 연구 장소(니자미야 학원)를 개설한다.	원래 무예와 충성심이 있는 피정복민 등을 병사로 채용한다.

Column

세계 최대의 이슬람국 – **인도네시아**

현재 인도네시아가 세계 최대의 이슬람국이라고 하니 놀라울 따름이다. 무슬림(이슬람교도)에서 편성된 군대 원정의 흔적도 없는 인도네시아가 왜 세계 최대의 이슬람국일까? 그 수수께끼를 풀어보자.

군인 대신 무슬림 상인이 인도양을 자유 왕래하게 되었고, 13세기에는 델리 술탄 왕조의 성립으로 이슬람화된 인도 상인의 활약 외에도 스마트라섬과 자와섬의 거류지가 이슬람의 도시 문화를 그대로 현지에 전달해 주민들의 마음을 완전히 사로잡았다.

본격적인 이슬람 시대가 시작된 것은 힌두교의 마자파힛 제국이 멸망하고 마타람 왕국이 생긴 16세기경이었다.

맘루크 이슬람 국가 건설　건국된 이슬람 국가에서 맘루크(노예 병사)가 된 것은 터키인이었다. 점차 힘을 길러 마침내 실현한 국가가 카라한 왕조(10세기)이다.

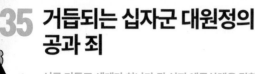

35 거듭되는 십자군 대원정의 공과 죄

서구 기독교 세계가 하나가 된 성지 예루살렘을 탈환하기 위한 대원정

십자군은 1095년에 북이탈리아에서 개최된 공회의에 파견된 비잔 틴 제국의 사절이 잘못 보고한 데서 시작되었다. 사신은 이슬람교도의 셀주크 왕조 터키군이 성지 예루살렘을 점령해 성지 순례가 박해를 받았다고 과장해서 보고한 것이다.

바로 같은 해 11월에 남프랑스의 클레르몽 공의회에서 로마 교황 우르바노 2세는 "불길한 민족(터키인)을 근절하라", "참가자는 세속의 죄를 용서받을 수 있다"라며 모든 기독교도를 설득했다. 교황의 설득은 전 유럽에 열광적인 반응을 일으켰다.

이듬해 8월 남프랑스에 집결한 원정군은 총 6만 명이다. 프랑스, 이탈리아의 기사 단, 제후가 중심으로, 교황한테 파문당한 독일은 참가하지 않았다. 그들이 한 무 리(십자군)가 되어 군을 만든 후 예루살렘에 도착하자, 이슬람교도는 환영했다. 십자군을 성지 순례단으로 생각하고 식량을 주고 길을 안내해 준 것이다.

비잔틴 제국의 사신이 보고한 것과 달리, 이교도끼리 서로 평화롭게 공존하 고 있었지만, 십자군은 예루살렘에 난입하여 수만 명의 이슬람교도와 유대교도 를 살해했다. 그런 다음 성지 해방을 선언하고 예루살렘 왕국을 건국했다.

이후 전후 130년 동안 여섯 차례나 반복된 십자군 대원정은 소기의 목적을 달성했다. 성과는 얻었지만 결국 십자군의 성지 해방은 이루지 못했다. 그렇다 면 완전히 무의미한 행동이었을까?

그렇지도 않다. 십자군에 동행한 상인단과 민중들은 동방 세계의 이슬람 문 명에 촉발되어 발전된 과학 기술을 배우고 익혀 봉건 사회의 농촌 중심이던 정 체 상황을 타파하면서 근대로 향하는 문을 열었다.

십자군의 첫 원정 결과

 1071년 셀주크 왕조 터키**가** **예루살렘을 점령**

↓

 1095년 비잔틴 제국 황제 **알렉시오스 1세가** 수도 콘스탄티노플의 **함락을 피하기 위해** 로마 교황 에게 구원을 요청

↓

로마 교황 우르바노 2세가 클레르몽 공회의에서 십자군 원정을 제안

1096년 십자군 제1회 원정

1098년 **십자군,** 성지 예루살렘 탈환

1099년 예루살렘 왕국 **건설**

우르바노 2세
교황권의 절대화,
로마 가톨릭교회와
그리스 정교회의
통일을 지향했다.

각자의 의도와 신앙으로
성지 회복을 지향했다.

국왕 · 제후 · 기사
영토의 확대와 전리품의 획득,
몰락의 회피

상인
교역 범위의 확대

농노
채무 탕감, 신분 해방을 바람.

대항해 = 식민지 지배의 개막

Column

열에 들뜬 십자군 – **사상 최대의 어리석은 짓이었다?!**

십자군의 행동을 '어리석은 짓'이라고 갈파한 인물은 당시에도 몇 명이나 있었다고 한다. 야심가인 교황에게 선동되어 십자가를 상징으로 내세우고 대의와 정의를 부르짖으며 이슬람교도의 선의를 짓밟아버리고 유대교도를 살해. 약탈을 계속 일삼았다.

우호적인 상대는 라이벌이나 경쟁 상대로 인식하는 상인 하나뿐이었다. 수없이 많은 사람과 말이 왕래했기 때문에 교통 통로가 열리고 물류가 번성하면서 지중해 교역이 활발해졌다. 불로 소득의 상인 집단이 주역이 된 근대사가 시작된다.

이스라엘의 예루살렘은 평화 공존의 상징?! 이스라엘은 일본의 시고쿠 정도의 작은 나라이지만, 큰 잠재력을 가지고 있다. 기독교, 유대교, 이슬람교 세계 3대 종교의 성지인 예루살렘의 구시가지에는 기독교의 성지인 '성분묘 교회', 이슬람교의 성지인 '바위 돔', 유대교의 '통곡의 벽'이 지금도 공존한다.

36 엘베강 동쪽의 중세 도시 연합체, 한자 동맹

지방 장원의 시대에서 도시 중심, 상업 네트워크 중심 시대로

11~13세기, 중세를 맞이한 서유럽에서는 커다란 사회 변동이 시작되었다. 봉건 영토의 지배하에 있던 농촌에서 소가 끄는 철제 쟁기가 사용되면서 깊은 산림을 깎아 길을 만들고 단단한 땅의 대지를 개간할 수 있게 되어 경지 면적이 일거에 확대되었다. 토지의 이용법도 춘경지·추경지·휴경지로 구분해 차례대로 이용하는 삼포제 경작법으로 바뀌었다.

그 결과, 농업 생산력이 비약적으로 발달해 잉여 생산물이 생기게 되었다. 농촌에 상품 경제가 정착하고 화폐 경제가 침투하자, 점차 봉건적 구속에서 해방된 독립 자영 농민이 출현하였다. 그중에는 도시로 이주하는 사람도 생겼다.

그 인수지가 됐던 곳이 로마 시대의 고대 도시나 식민지, 엘베강 동부에서 수공업자 조합이나 상인단을 중심으로 건설된 새로운 도시였다. 더욱이 13세기에는 봉건 영토와 국왕으로부터 자치권을 획득해서 자유 도시가 되고 도시 자체가 자립한 힘을 보여 주게 된다.

북독일의 뤼베크, 함부르크, 브레멘과 같은 도시들이 맺은 한자 동맹은 처음에는 글자 그대로 '한자=상인 조합'이었는데, 차츰 런던(영국), 브뤼헤(벨기에), 노브고로드(러시아), 베르겐(노르웨이) 등에서 외지 한자를 결성하였다. 한자 동맹은 본국의 한자와 연결하는 국제 무역을 전개한다. 전성기에는 70개 도시 외에 130개의 도시가 참가했다.

그러나 네덜란드와 영국의 국가적인 중상주의 정책을 채용하는 절대주의 국가가 출현하면서 쇠퇴하다가 17세기에는 자연스럽게 소멸해 버린다.

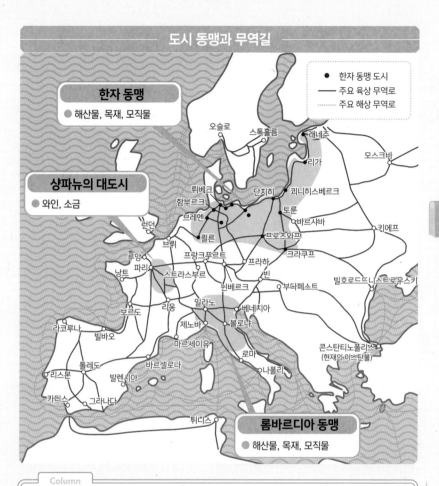

도시 동맹과 무역길

범례
- ● 한자 동맹 도시
- ── 주요 육상 무역로
- ⋯⋯ 주요 해상 무역로

한자 동맹
- ● 해산물, 목재, 모직물

샹파뉴의 대도시
- ● 와인, 소금

롬바르디아 동맹
- ● 해산물, 목재, 모직물

오슬로 · 스톡홀름 · 래네쥬 · 리가 · 모스크바 · 뤼베크 · 단치히 · 쾨니히스베르크 · 함부르크 · 브레멘 · 토룬 · 바르샤바 · 키에프 · 런던 · 쾰른 · 프로츠와프 · 브뤼 · 프랑크푸르트 · 프라하 · 크라쿠프 · 루앙 · 파리 · 스트라스부르 · 빈 · 빌호로드니스트로우스키 · 낭트 · 뤼베르크 · 부다페스트 · 밀라노 · 리옹 · 베네치아 · 보르도 · 제노바 · 볼로냐 · 라코루나 · 빌바오 · 마르세이유 · 로마 · 콘스탄티노폴리스 (현재의 이스탄불) · 톨레도 · 바르셀로나 · 나폴리 · 리스본 · 발렌시아 · 카디스 · 그라나다 · 튀니스

Column

한자 동맹의 맹주 – **뤼베크**

뤼베크는 발트해를 중심으로 무역을 독점하고 최고의 번영을 누렸던 한자 동맹의 맹주이자, 자유 도시 뤼베크이다. 뤼베크강과 그 운하로 둘러싸인 구도시 전체가 세계 유산으로 등록되어 지금도 '한자 여왕'이라고 불리던 왕년의 자취를 남기고 있다.

홀스텐토르 문을 지나 구시가지에 발을 들이면 한자 동맹 회의가 열린 마르크트 광장에 세워진 시청, 독일 최초의 복지 시설 성령 병원, 바흐가 방문한 성 마리엔 교회 등이 쭉 늘어서 있다.

또한 뤼베크는 노벨 문학상을 받은 작가 토마스 만의 출생지이기도 하다. 대표작인 『부덴브로크 가의 사람들』의 무대가 된 집이 박물관으로 공개 중이다.

💡 **자유 도시는 어떻게 만들어질까?** 도시는 자유의 배양기이지만, 자유는 자동으로 생기지 않는다. 봉건 영주의 칙허장(勅許状), 라이벌 왕이나 국왕의 특허장을 획득해도 대부분 납세와 군역의 조건이 붙는다. 상품·화폐 경제에 말려든 영주층과 경제력을 배경으로 한 상인층의 세력이 길항하지만, 점차 힘의 관계가 달라진다.

37 황제와 교황, 제후들의 항쟁 속에서 대두한 도시 국가

해외 영토까지 점유한 이탈리아 북부 자유 도시의 발전

9세기 말 카롤루스 왕조가 단절된 후 이탈리아는 로마 교황과 봉건 제후가 분립되고, 도토리 키 재기 항쟁을 반복하는 국가가 되어버렸다. 더욱이 신성 로마 제국(독일)의 역대 황제가 이탈리아의 지배를 계획하고 원정을 반복하는 통에 혼란만 계속되었다.

그러던 중 남부에서는 1130년에 로마 교황에게 충성을 다한 노르만인 기사단이 이슬람 세력을 구축하고 남이탈리아와 시칠리아섬을 병합하는 시칠리아 왕국을 열었다. 중부와 북부에서는 봉건 제후의 항쟁과 독일 황제의 진출, 독일 황제와 로마 황제의 충돌이 계속되는 와중에 유력 도시가 자치권을 획득해 자립의 길을 선택한다.

예를 들어, 베네치아는 원래 남독일 방면에서 라인강을 통해 북유럽과 통하고 있었는데, 비잔틴 제국에 대항해 새로운 소아시아 방면으로 진출하여 레반트 무역(동방 무역)을 추진한다. 피렌체는 양모업으로 연결되었다.

12세기 후반 독일 황제가 개입하지만, 베네치아를 맹주로 한 밀라노, 제노바, 볼로냐 등 22개의 도시가 폰티다 수도원에 집결하여 독일 황제에 대한 수비 동맹으로 유명한 롬바르디아 도시 동맹을 결성해 대항한다.

30년 후 독일 황제는 화해의 약속에 응해 철퇴한다. 이후 베네치아, 제노바, 피렌체 등 유명 자유 도시는 독자적인 화폐를 발행하는 등 자치 공화국, 즉 자유 도시 국가로 발전하는 단계로 나아간다. 그리고 주변 도시를 지배하고 해외 영토까지 점유하게 된다. 시정도 부도 유력 가문에 의해 독점되면서 과두 지배가 정착한다. 마치 구로마 제국이 다시 생겨난 듯했다.

자치 도시와 자유 도시

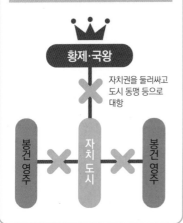

자치 도시

시민 스스로 시정을 행하는 도시로,
봉건 영주 등으로부터는 완전히 자립했다.

**12세기 이후
이탈리아에 많이 나타났다.**
(베네치아 등)

황제·국왕

자치권을 둘러싸고
도시 동맹 등으로
대항

봉건 영주 ✕ 자치 도시 ✕ 봉건 영주

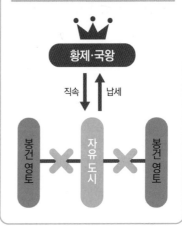

자유 도시

황제와 국왕에 직속되는 도시로,
봉건 영주에서 자립한다.

**14세기 이후
독일에서 많이 나타났다.**
(아우크스부르크 등)

황제·국왕

직속   납세

봉건 영토 ✕ 자유 도시 ✕ 봉건 영토

Column

자유 도시란 무엇인가? 자치권이란 무엇인가?

일본에서는 공공연하게 주장되는 학설은 아니지만, 일본에도 없던 것은 아니다. 포르투갈인 바테렌(수도사)이 센슈 사카이(泉州堺)나 규슈 하카다(九州博多)를 방문했을 때 베네치아와 너무 비슷해서 놀랐다고 한다.

그리 놀랄 일도 아니지만, 베네치아는 제한된 자유 도시가 아닌 봉건 영주가 완전한 자치권을 부여한 도시라는 점에서는 일본의 자유 도시와 구별되는 것이 아닐까?

국왕이나 황제한테 지배되는 도시면서도 자치권을 사거나, 특허장으로 공인되거나 해서 자유를 얻은 도시를 '자유 도시'라고 한다.

그 덕분에 '자치'라는 의미의 속뜻을 잘 이해할 수 있었다.

베네치아의 '유방의 다리' 과거 베네치아의 산 폴로 구역에 '유방의 다리(Ponte delle Tette)'라고 불리는 곳이 있었다. 그 다리 옆이나 근처 테라스에는 아름다운 드레스로 몸을 감싼 미녀들이 남자들을 유혹했다. 그녀들은 고급 매춘부만은 아니었다. 궁정과 살롱에 출입하면서 정치 이야기를 하거나 시를 읊고 음악을 즐겼다.

38 터무니없는 세계 제국을 구축한 몽골 기마 군단

칭기즈칸에서 쿠빌라이 칸에 이르는 대초원의 에너지

13세기 초 유라시아 대륙의 동쪽 끝, 몽골 고원에 유목 민족을 통합한 불세출의 대왕이라 칭하는 '칸(可汗)'이 나타났다. 소위 칭기즈칸, 즉 테무진이다.

시작도 끝도 없는 광활한 대초원을 누비는 유목 민족을 장악하는 일은 개미의 숫자 세는 일보다 어렵다. 그래서 천호제(千戶制)로 정리했다. 십진법으로 십호대, 백호대로 나눈 단위 집단을 천호 단위로 조직한 것이다. 전부 90을 넘는 천호 집단이 편성되었다고 전해진다.

그런데 이는 단순한 전투 집단이 아니었다. 천인대(千人隊)가 90개 이상이 아니고 천호대(千戶隊)가 90개 이상 편성된 것이다. 호, 즉 한 가족별로 구성된 사회 조직인 것이다. 칭기즈칸은 그중 20여 개의 천호대를 일족에게 부여하고 나머지 70여 개의 천호대를 직속에 두었다. 더욱이 1만여 명의 친위대가 있었다.

이러한 군대가 서쪽으로는 흑해 방면까지 침공하고 이란까지 이르는 대판도를 확장해 기독교 국가들을 공포에 떨게 했다. 칭기즈칸은 1227년에 서하(西夏)를 쳐서 멸망시키고 죽지만, 발흥기의 몽골 제국은 동방 세계, 여진족이 세운 금왕조를 무너뜨리고 일찍부터 중국 대륙으로 쳐들어갈 수 있는 돌파구를 열었다.

위대한 대왕 칭기즈칸의 후계자로 2대 칸이 된 사람은 셋째 아들 오고타이였다. 오고타이는 계속되는 이동으로는 국가 기반이 다져지지 않을 수 있다고 생각하여 수도를 카라코룸으로 정하고 국가의 체제와 정비에 힘을 쏟았다. 그러나 유목 민족의 본성은 변하지 않아서 전투와 약탈 외에는 관심이 없었다.

칭기즈칸과 일족

칭기즈칸

연도는 불명하지만, 칭기즈칸(본명은 테무진)은 1260년에 몽골을 통일하고 초대 황제가 되었다. 칭기즈칸의 자손은 이후 4칸국을 세운다.

칭기즈칸의 죽음

1227년에 서로로 다시 원정을 떠나 서하를 멸망시키고 돌아오던 중 병사한다. 그 후 셋째 아들 오고타이칸이 2대 황제가 되지만, 결국 제국은 분열한다.

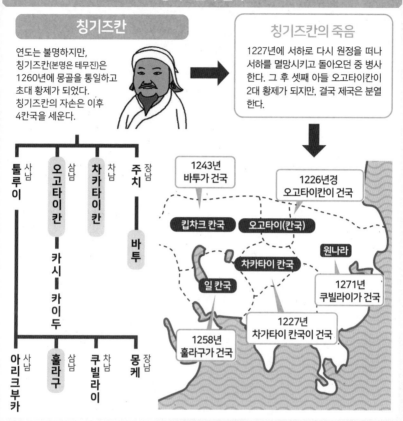

툴루이 사남 / 오고타이칸 삼남 / 차카타이칸 차남 / 주치 장남

바투

카시 — 카이두

아리크부카 사남 / 훌라구 삼남 / 쿠빌라이 차남 / 몽케 장남

1243년 바투가 건국
1226년경 오고타이칸이 건국
킵차크 칸국
오고타이(칸국)
원나라
차카타이 칸국
일 칸국
1271년 쿠빌라이가 건국
1258년 훌라구가 건국
1227년 차가타이 칸국이 건국

Column

중화 문명에 물들지 않은 – **몽골 제국의 선진성**

몽골이 중국으로 쳐들어갔을 때 중화 문명의 영향을 받지 않은 이유는 무엇일까?

몽골은 군사적으로만 강한 것이 아니다. 일찍부터 복속을 자청한 터키계의 위구르족을 친족처럼 여기고 문자가 없는 몽골족의 표기에 위구르 문자와 티베트 파스파 문자를 차용해 문서 관리와 상업 거래에 이용했다.

즉, 몽골족은 중화 문명에 접하기 전에 이미 고도의 이슬람 문명의 유산을 받아, 일상생활과 국가 경영, 상업 거래에 이용했다. 그뿐만 아니라 중화에는 없는 천문학, 역학, 수학 그리고 이슬람교와 기독교까지 전파했다.

39 중흥의 선조, 제5대 쿠빌라이 칸이 중국에 원 왕조를 열다

중화 문명에 동화하지 않고 무슬림 상인을 중요 자리에 기용해
상업·무역을 장려하다

13세기 중반 제4대 칸이 된 칭기즈칸의 손자 몽케 시대에 이르러 몽골 제국은 거듭 팽창한다. 이미 동유럽에 도달해 폴란드에서 기독교도 군대를 격파하여 유럽을 공포 속에 빠뜨렸다. 그리고 돌아오는 길에 남러시아에 킵차크 칸국을 수립한다.

몽케는 둘째 동생 쿠빌라이에게 중국 남송 왕조를 정복하라는 명령을 내리고, 셋째 동생 훌라구에게 이란의 남쪽 이슬람 세계를 제압하라고 명령한 후에 죽는다. 어쩔 수 없이 쿠빌라이가 칸의 지위를 계승하지만, 동생들이 반대의 뜻을 표명하며 싸움을 거듭한다. 반란을 제압한 쿠빌라이는 곧바로 과감한 행동에 나선다.

거대해진 몽골 제국은 남러시아의 킵차크 칸국, 이란의 일 칸국, 서북 몽골의 오고타이 칸국으로 분할되어 각자 독자적인 길을 걷게 된다. 그리고 쿠빌라이 칸 자신은 1271년에 대도(북경)를 수도로 한 원나라의 세조가 된다.

쿠빌라이 칸은 킵차크, 차가타이, 일의 세 칸국이 이슬람 사회에 매몰되어 버린 선례를 따르지 않고 중화 문명에 동화되지도 않았다. 무슬림 상인을 중요하게 여겨 상업을 중시했고 무역의 진흥을 기본 노선으로 관철했다.

이와 같은 분열 상황 속에서도 모든 칸국에서 유목 민족의 국가, 몽골 제국의 후예로서의 동서 교역과 인적 교류가 끊기지 않고 활성화되도록 계속 기능했던 것이다. 이는 유목 민족의 본능인지도 모른다.

터무니없는 세계 제국을 구축한 몽골 민족도 마지막에는 안착할 땅을 발견한다.

원나라 교역과 교류

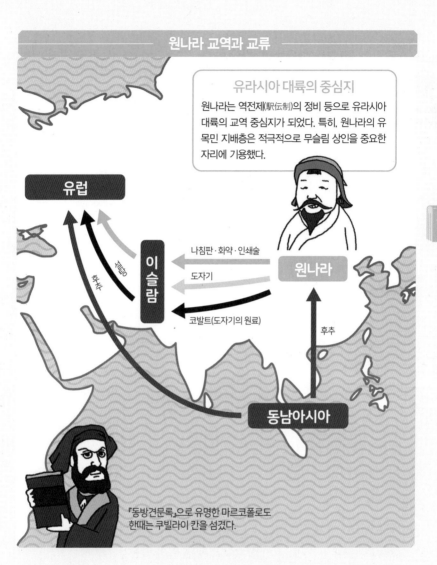

유라시아 대륙의 중심지

원나라는 역전제(駅伝制)의 정비 등으로 유라시아 대륙의 교역 중심지가 되었다. 특히, 원나라의 유목민 지배층은 적극적으로 무슬림 상인을 중요한 자리에 기용했다.

유럽

이슬람

나침판·화약·인쇄술

원나라

도자기

후추

코발트(도자기의 원료)

후추

동남아시아

『동방견문록』으로 유명한 마르코폴로도 한때는 쿠빌라이 칸을 섬겼다.

제**5**장

대항해 = 식민지 지배의 개막

원나라의 국서를 5회나 무시한 가마쿠라 막부   원나라에서 도착한 국서에는 "바라옵건대 이후 양국이 우호 관계를 맺고 상호 친목을 도모하고 싶다"라고 기록되어 있다. 원나라(몽골 제국)는 이때 이미 세계의 30%를 지배하고 있었다. 그러나 대륙의 제국이라 해도 바다에는 문외한이었다. 가마쿠라 막부(鎌倉幕府)는 다섯 번이나 국서를 무시하고 두 번에 걸친 원나라 군대의 습격을 실력으로 무찔렀다.

40 로마 교황을 대신할 국왕의 성장을 제한하는 영국

교황의 세력하에서 제후와 도시의 특권으로 쥐고 흔들던 왕권의 행방

반세기에 걸친 신성 로마 황제와의 서임권 투쟁에서 승리하고 십자군을 제창해 절정기에 있던 로마 교황도 십자군이 성과를 올리지 못한 채 사라지자, 권위가 흔들리기 시작했다.

그러자 교황의 권위에 제압되고 제후와 도시의 특권에 제약되던 국왕의 권위와 권력이 향상하여 급속하게 대두했다. 그러나 예외가 있었다. 영국이다. 1066년 노르망디공 윌리엄이 앵글로색슨의 귀족 연합군을 격파해 창건한 노르만 왕조는 처음부터 왕권이 강했고 다른 유럽 나라들과는 달랐다.

그러나 노르망디공 윌리엄은 원래 프랑스 귀족으로 프랑스에 광대한 영지를 보유한 채 영국 국왕이 되었기 때문에 복잡한 상황이었다. 더욱이 1154년에 프랑스 앙주 백작이 영국으로 건너가 플랜태저넷 왕조를 열면서 프랑스 내의 영국 영토는 더욱 확장된다.

왕권 강화에 착수하기 시작한 프랑스 국왕 펠리페 2세는 당연히 영국령의 탈환을 위한 투쟁에 착수하였고, 영국 국왕 존의 영토를 비롯한 노르망디공 영토 외에도 상당한 영토 회복에 성공한다. 그 결과, 존왕의 권위는 실추되고 영국 귀족의 신뢰를 잃었다. 이때 등장하는 사람이 캔터베리 대주교이다.

대주교는 제후와 상층 시민을 모아 국왕의 권리 남용을 금지하는 조항을 성문화한 마그나카르타(대헌장)를 정해 존왕이 인정하게 한다. 자의적인 전제 정치를 반복하고 강대해지는 국왕권을 제약하려는 획기적인 시도였지만, 이는 기나긴 전쟁의 서막을 알리는 사건이었다.

다음 헨리 3세는 태연하게 마그나카르타를 무시하고 새로운 과세를 매겼다.

존 왕국의 실정과 대헌장

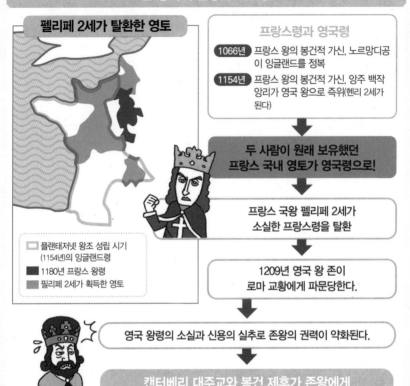

펠리페 2세가 탈환한 영토

- 플랜태저넷 왕조 성립 시기 (1154년)의 잉글랜드령
- 1180년 프랑스 왕령
- 필리페 2세가 획득한 영토

프랑스령과 영국령

1066년 프랑스 왕의 봉건적 가신, 노르망디공이 잉글랜드를 정복

1154년 프랑스 왕의 봉건적 가신, 앙주 백작 앙리가 영국 왕으로 즉위(헨리 2세가 된다)

↓

두 사람이 원래 보유했던 프랑스 국내 영토가 영국령으로!

↓

프랑스 국왕 펠리페 2세가 소실한 프랑스령을 탈환

↓

1209년 영국 왕 존이 로마 교황에게 파문당한다.

↓

영국 왕령의 소실과 신용의 실추로 존왕의 권력이 약화된다.

↓

캔터베리 대주교와 봉건 제후가 존왕에게 국왕의 권리를 제한하는 대헌장을 인정하게 한다.

Column

회의의 시작, **에드워드 1세와 모범 의회**

영국에서 왕권을 법으로 규제하려는 움직임은 마그나카르타의 제정 이후에도 계속되었다.
시몽 드 몽포르의 지휘 아래 종래 성직자·귀족으로 구성된 집회에 주(州)에서 선출한 기사와 도시에서 선출한 시민까지 의회에 소집했다(1265년).
에드워드 1세도 전례를 따라 유력 귀족과 고위 성직자, 각 주의 기사, 도시 대표 시민에 의한 '모범 의회'를 1295년에 소집했다. 국왕은 징세나 새로운 법 제정에 국민의 대표가 포함된 의회의 승인이 필요해지고 국민은 의회의 결정을 수용하고 준수할 의무를 지게 된다.
이것이 나중에 영국 의회의 기초를 형성한다.

마그나카르타의 행방은? 대헌장(마그나카르타)은 봉건 사회 제후의 권리를 인정한 것으로, 교회의 자유, 시민의 자유, 부당한 체포 금지도 포함하고 있었다. 그리고 국왕이 병역 면제세를 부과할 때 제후의 승인을 받아야 했다. 그러나 헨리 3세는 태연하게 무시한 채 새로운 과세를 부과했고 튜더 왕조에서 완전히 잊혀진다.

41 잔 다르크, 영국에서 영토 탈환에 성공

국왕의 비장한 소원 = 영국령 탈환과 '프랑스 왕국'의 실현

프랑스가 왕권을 확대하고 통일된 중앙 집권 국가를 목표로 움직이기 시작했을 때 방해가 된 것은 영국이 영유하던 프랑스의 광대한 영지와 부르고뉴 공작처럼 왕가에 필적하는 영지를 소유한 유력한 제후의 존재였다.

1328년에 영국왕 에드워드 3세는 어머니가 프랑스 카페 왕조 출신인 것을 이유로 프랑스의 왕위 계승을 주장한다. 프랑스왕 필리프 6세는 영국과 대립하는 스코틀랜드와 손을 잡고 보르도 와인의 산지인 영국령 기옌 지방을 몰수한다.

에드워드 3세가 1339년에 북프랑스를 침공한 것을 계기로 소위 백년 전쟁이 발발한다. 전쟁은 처음부터 끝까지 영국 우위로 진행되었다. 프랑스에서 친영국파인 부르고뉴 공국이 프랑스 왕과 대립했을 때 영국에서도 프랑스 침공을 적극적으로 추진하는 랭커스터 왕가가 성립한다. 프랑스는 완전히 위기에 빠졌다.

그때였다. 농민의 딸 잔 다르크가 "프랑스를 구하라는 신의 음성을 들었다"라고 말하며, 스스로 기사가 되어 프랑스 황태자 샤를과 함께 군의 사기를 북돋우며 마지막 거점 오를레앙의 포위망을 돌파하며 조국을 구한 영웅이 된다. 샤를은 랭스에서 대관식을 거행하고 샤를 7세가 되지만, 2년 후에 잔 다르크는 영국군한테 체포되어 화형당한다.

그러나 이 비극은 오히려 프랑스 전국의 제후, 기사, 도시들의 국민감정에 불을 붙였고 모든 프랑스군은 공격 태세로 전환한다. 그리고 1453년에 칼레를 남긴 프랑스 모든 지역에서 영국군을 추방하는 데 성공한다. 백년 전쟁에 종지부를 찍은 것이다.

프랑스는 프랑스의 것이 되었다. 이때부터 프랑스의 약진이 시작된다.

영국과 프랑스의 관계와 흑백의 장미

잔 다르크

백년 전쟁

1339년에 플랑드르의 내란을 계기로 시작된 영국과 프랑스의 전쟁은 약 100년 동안 계속되고 1453년 영국의 패배로 막을 내렸다.

장미 전쟁

영국에서는 1455년에 랭커스터 왕가와 요크 왕가가 왕위를 둘러싼 전쟁(장미 전쟁)을 벌였는데, 이 전쟁은 30년 후인 1485년까지 이어졌다.

헨리 7세와 엘리자베스의 혼인으로 드디어 장미 전쟁은 끝이 났다. 헨리 7세가 연 튜더 왕조는 붉은 장미와 흰 장미를 합친 문장이 되었다.

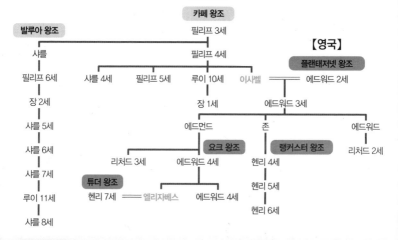

【프랑스】

카페 왕조
필리프 3세

발루아 왕조
샤를 — 필리프 4세

필리프 6세 — 샤를 4세 · 필리프 5세 · 루이 10세 · 이사벨 ═══ 에드워드 2세 【영국】 **플랜태저넷 왕조**

장 2세 — 장 1세 / 에드워드 3세

샤를 5세 — 에드먼드 · 존 · 에드워드

샤를 6세

샤를 7세 — 리처드 3세 · 에드워드 4세 / 헨리 4세 / 리처드 2세 **요크 왕조** **랭커스터 왕조**

루이 11세 — **튜더 왕조** 헨리 7세 ═══ 엘리자베스 · 에드워드 4세 / 헨리 5세

샤를 8세 — 헨리 6세

실제로 존재했을까? 잔 다르크!

꽃다운 17세 소녀가 '조국을 구하라는 음성을 들었다'라는 이유만으로 황태자 샤를에게 알현을 요청해 오를레앙 포위망의 돌파를 계획하는 전쟁을 지휘하고 대관식은 랭스에서 하기를 요청했다고 하는데, 어디까지가 사실일까?

유복한 농가의 딸로 태어난 잔 다르크는 건강하고 신앙심 깊은 소녀였다고 한다. 그런 그녀가 조국을 구한 영웅이 된 것에는 많은 설명도 필요 없이 오직 하나, 주적인 영국군을 추방해 프랑스 영토를 회복하는 데 있었다.

분열한 프랑스 내부의 대립 상황을 극복해 승리로 향하는 길을 열었고, 그래서 황태자 샤를과의 알현도 가능했던 것이다. 역시 그녀는 조국을 구한 영웅이었다.

복잡기괴한 장미 전쟁의 행방 랭커스터 왕가(붉은 장미)와 요크 왕가(흰 장미)의 왕위 계승을 둘러싼 사투는 귀족들이 양쪽으로 분열해서 싸웠다. 복잡한 과정을 거쳐 랭커스터계의 튜더 왕가 헨리가 요크 왕가의 리처드 3세를 무너뜨리고 튜더 왕조의 헨리 7세로 즉위. 요크 왕가의 엘리자베스와 결혼하였다.

42 해외 영토까지 소유한 이탈리아 도시 국가의 부와 문화

르네상스는 하등 정치와 고등 예술의 짬뽕이다

십자군 원정은 여러 차례 반복되었지만, 큰 성과 없이 끝났다.

그러나 무의미한 시도는 아니었다. 선진국인 이슬람 문명의 과학 기술과 비잔틴 문화가 접촉하면서 지중해 문명을 중심으로 한 유럽의 고전 문화를 검토하고 재평가하는 기운이 높아졌기 때문이다. 즉, 르네상스, 글자 그대로 '유럽의 재생' 운동이었다.

동서 교류가 시작되고 교역 통로가 개척되면서 좋든 싫든 상품 경제가 활발해지고 중계 거점인 도시는 왕래하는 사람들로 붐볐다. 영주가 지배하는 봉건 농촌에서도 봉건적인 영주와 농노의 지배, 피지배 관계가 사라지고 농민은 자립된 상품 경제를 이끌어가는 사람으로 일변했다.

이와 같이 봉건 사회가 붕괴하는 동안, 중세 유럽의 정신세계를 지배해 온 로마 교황과 교회의 권위도 빠른 속도로 하락했다. 이를 대신해 새로운 정신적 고양을 낳는 예술과 문화의 창조 운동을 장려하는 패트론(부유한 시민층)이 새로운 시대의 정신적인 리더로 등장한다.

그런데 이탈리아 도시 국가를 두고 후세의 하마평에서 하급 정치와 고등 예술이 양립하는 독특한 문화적 체질을 가진 시대였다고 평가하는 것처럼 사실 흥미로운 시대였던 것은 분명하다. 로마 교황청, 밀라노 공국, 베네치아, 피렌체도 지배권을 둘러싼 암투를 거듭했다.

이런 상황 속에서 단테의 『신곡』, 보카치오의 『데카메론』 등으로 막을 연 르네상스는 문학에만 얽매이지 않고 회화·조각·건축 등 다양한 분야로 확장되면서 레오나르도 다빈치, 미켈란젤로 등의 천재를 배출했다.

이는 십자군 원정의 성과였다고도 할 수 있다.

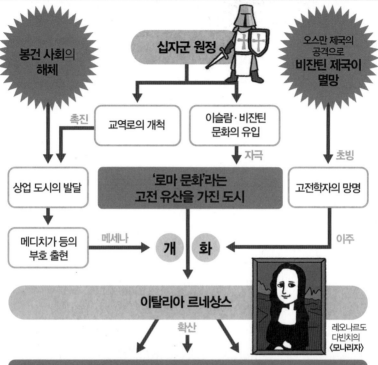

도시가 무대인 르네상스

봉건 사회의 해체

십자군 원정

오스만 제국의 공격으로 비잔틴 제국이 멸망

촉진 → 교역로의 개척

이슬람·비잔틴 문화의 유입

초빙

상업 도시의 발달

자극 → **'로마 문화'라는 고전 유산을 가진 도시**

고전학자의 망명

메디치가 등의 부호 출현

메세나 → **개 화** ← 이주

이탈리아 르네상스

레오나르도 다빈치의 〈모나리자〉

확산

영국 왕국 · 프랑스 왕국 · 스페인 왕국 · 신성 로마 제국 · 네덜란드 등으로

Column

르네상스의 발명품 – **구텐베르크의 활판 인쇄**

'르네상스 3대 발명품'이라고 하면 화약, 나침판, 활판 인쇄인데, 어느 것이 유럽의 오리지널 발명품이냐고 물으면, 갑자기 말을 더듬게 된다.

답은 활판 인쇄이다. 화약, 나침판은 이슬람 문명이 발명한 것으로, 유럽의 창조물은 아니다. 활판 인쇄는 독일 마인츠의 장인이던 구텐베르크가 포도의 압축기에 착안하여 발명한 것이라고 한다. 처음에는 값비싼 인쇄본이었지만, 사본과 비교해 대량으로 인쇄할 수 있어서 고전이나 인문주의 서적을 보급하는 데 큰 역할을 했다. 르네상스의 숨은 공로자라 해도 손색없다.

지금도 빛나는 '예술의 도시', 피렌체 이탈리아 토스카나 지방의 피렌체는 미켈란젤로나 레오나르도 다빈치가 활약한 '예술의 도시', '꽃의 도시'이다. 부호가 메디치가가 수많은 예술가를 지원했고 거리 발전의 든든한 후원자가 되었다. 지금도 피렌체는 '지붕 없는 미술관'이라고 할 정도로 거리에 예술이 넘쳐흐른다.

43 대항해 시대는 도시 국가 간의 이권 투쟁에서 시작되었다

동방 교역을 포기한 제노바가 서쪽으로 향했을 때 발견한 신항로

역사는 아주 소소한 사건에서 시작한다. 세상에서 흔히 말하는 대항해 시대가 어디서부터 어떻게 시작된 것인지 알면 실소할 것이다.

동방 교역을 둘러싼 베네치아와 제노바의 경쟁에서 시작되었다. 14세기 후반 베네치아가 제노바를 이기고 승리하면서 지중해 동부에서부터 흑해 연안의 교역권을 독점해 버린 탓에 제노바는 갈 곳을 잃어버린다.

살짝 뒤를 돌아 서쪽을 바라보니 지브롤터 해협이 있다. 그곳을 넘어 대서양 연안부를 보면 모직물 공업으로 번성한 플란데런 지방, 그 건너편에는 영국이 있다. 이 나라들을 연결하는 교역 통로를 개척할 수 있지 않을까? 이것이 대항해 시대의 계기를 만드는 사건이 된다.

제노바 상선은 신흥국 포르투갈의 항구에 자주 들렀고 다양한 특권을 부여받으며 범선 건조를 의뢰받았다. 15세기 후반이 되면서 포르투갈이 자체적으로 서아프리카의 연안 항해에 나선다. '항해 왕자'라는 별명을 가진 엔히크 왕자가 등장한 것이다. 외양 항해에 견딜 수 있는 용골선을 만들어 갑판도 깔았다. 또한 풍력을 이용하는 데 효과적인 삼각 돛대도 사용할 수 있게 되었다. 여기에 이슬람을 경유해 들어온 나침판까지 설치해 천문학에 응용하였고, 해상 지도 작성도 새로운 시대의 항해 기술로 도입되었다.

그 결과, 1488년에 바르톨로메우 디아스가 희망봉에 도착하였고, 10년 후에는 바스쿠 다 가마가 희망봉을 돌아 인도의 서안 코지코드(캘리컷)에 도착하여 인도양 횡단항해를 달성한다. 이는 대항해 시대의 서막을 여는 쾌거로 그치지 않았다. 이베리아반도의 레콩키스타(국토 회복 운동)도 달성하고 더욱이 새로운 포교 지역을 찾는 교회의 기대에 부응하는 지리상의 발견이기도 했다.

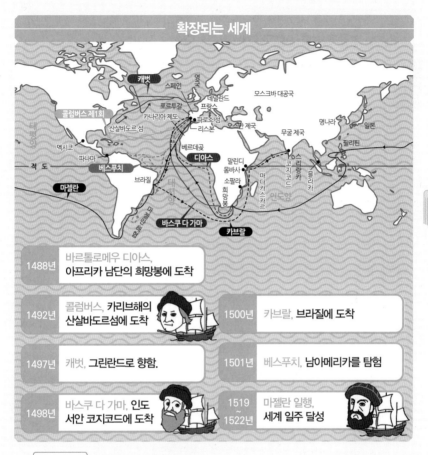

확장되는 세계

1488년	바르톨로메우 디아스, **아프리카 남단의 희망봉에 도착**
1492년	콜럼버스, 카리브해의 **산살바도르섬에 도착**
1497년	캐벗, 그린란드로 향함.
1498년	바스쿠 다 가마, 인도 **서안 코지코드에 도착**
1500년	카브랄, **브라질에 도착**
1501년	베스푸치, **남아메리카를 탐험**
1519~1522년	마젤란 일행, **세계 일주 달성**

Column

'네덜란드'라는 이름은 '저지대'라는 뜻

네덜란드는 국토의 30%가 해수면보다 낮다. 또한 국토의 20% 이상은 13세기 이후 간척 사업으로 조성된 땅이다. 이후 700년 동안 5,000㎢에 가까운 토지가 조성되었다.

그래서 네덜란드인은 '세계는 신이 만들었지만, 네덜란드는 네덜란드인이 만들었다'라고 자랑스러워한다. '네덜란드'라는 국가명에도 '저지대'라는 의미가 있어 숨길 수가 없다(미나고시 나오코, 『네덜란드 잡학 시초』, 사이류사).

13세기 이후 네덜란드는 농지 확대가 절대적으로 필요해짐에 따라 '간척'이라는 방법으로 새로운 토지를 만들었다. 이것도 중세 유럽 변용의 1가지 형태라고 볼 수 있다.

인도인한테 바보 취급당한 '바스쿠 다 가마' 포르투갈의 바스쿠 다 가마가 남아프리카 희망봉 주변에서 인도 서안 코지코드에 도착하면서 인도양을 횡단하는 항해 항로를 개척한다. 이때 힌두교도 영주한테 경의를 표하기 위해 방문할 때 선물을 주었는데, 너무나 빈약해 거부당했다. 아시아는 윤택했던 것이다.

44 대항해 시대의 패권자, 태양이 지지 않는 제국 스페인

신대륙의 발견은 세계적인 규모의 정복과 수탈의 시작이었다

포르투갈에 선두를 빼앗긴 스페인은 단숨에 벌어진 차이를 좁히려고 콜럼버스가 제안한 "대서양을 횡단하여 '인디아스'라는 황금이 빛나는 동남아시아를 찾아낼 것이다"라는 말에 혹하고 뛰어든다.

콜럼버스는 1492년에 목적지에 도착한 줄 알았는데, 이는 착각이었다. 나중에 피렌체인이 항해 탐사를 해 보니 콜럼버스가 인디아스라고 믿었던 땅은 아직 발견된 적 없는 신대륙이었다. 곧바로 신대륙은 '아메리카'로 명명되었다.

스페인은 기세가 올라 포르투갈과 교섭(토르데시야스 조약)하였다. 아프리카의 동방 해상, 베르데 제도보다 서쪽에서 발견한 비기독교도의 땅은 스페인, 동쪽은 포르투갈이 되었다. 실제로 이 편의주의로 인해 브라질이 포르투갈령, 필리핀은 스페인령이 된다.

이렇게 신대륙 발견을 경쟁하는 대항해 시대로 돌입한다. 그러나 이는 이민족의 정복과 지배, 가혹한 수탈의 시작을 알리는 데 지나지 않았다. 본격적인 식민지 지배의 시작이었다. 그것을 철저하게 추구한 것이 스페인 왕국이다.

펠리페 2세의 아버지인 카를로스 1세가 즉위했을 때, 지배 영역은 오스트리아부터 네덜란드, 나폴리·시칠리아 왕국 그리고 아메리카 대륙까지 확장된다. 남동생인 페르난도에게 일부를 할양했지만, 스페인 왕위와 광대한 영토는 그대로 아들인 펠리페 2세한테 상속된다.

펠리페 2세는 1571년에 오스만 제국의 해군을 레판토 해전에서 물리치고, 1580년에는 포르투갈 왕위도 계승하면서 대항해 시대에 경쟁하던 2개 왕국의 식민지를 통괄하는 '태양이 지지 않는 제국의 왕'이 된다. 그리고 세계의 모든 부를 끌어모아 공전의 번영을 이루었다.

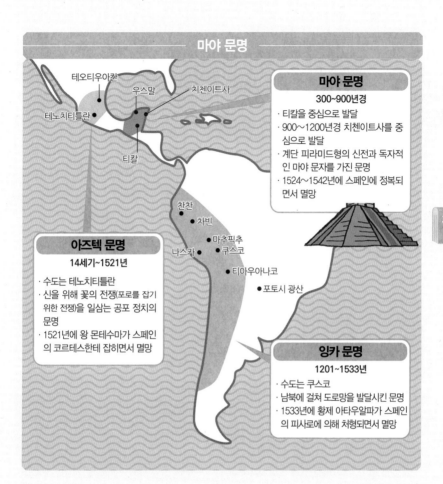

마야 문명

마야 문명
300~900년경
· 티칼을 중심으로 발달
· 900~1200년경 치첸이트사를 중심으로 발달
· 계단 피라미드형의 신전과 독자적인 마야 문자를 가진 문명
· 1524~1542년에 스페인에 정복되면서 멸망

아즈텍 문명
14세기~1521년
· 수도는 테노치티틀란
· 신을 위해 꽃의 전쟁(포로를 잡기 위한 전쟁)을 일삼는 공포 정치의 문명
· 1521년에 왕 몬테수마가 스페인의 코르테스한테 잡히면서 멸망

잉카 문명
1201~1533년
· 수도는 쿠스코
· 남북에 걸쳐 도로망을 발달시킨 문명
· 1533년에 황제 아타우알파가 스페인의 피사로에 의해 처형되면서 멸망

지도 라벨: 테오티우아칸, 우스말, 치첸이트사, 테노치티틀란, 티칼, 찬찬, 차빈, 마추픽추, 나스카, 쿠스코, 티아우아나코, 포토시 광산

Column

식민 정책을 비판한 **도미니크회 수도사**

신대륙의 스페인 현지인 학살과 노예 매매, 강제 노동은 비참한 과거를 보여 주는 사건이다. 이를 기독교 세계가 "그들은 야만적이고 문명적이지 않다. 노예가 되어도 어쩔 수 없다"라고 용인했다. 그러나 도미니크회 수도사 바르톨로메 데 라스 카사스는 현지의 실정을 전부 관찰하고 쓴 글에서 "인디오는 잘 정비되고 통치된 사회를 구성하고 근면하고 건전한 문명적인 사람들이다"라고 기술하면서 자국 스페인의 식민 정책을 철저하게 비판했다.

이 식민 정책 비판은 스페인 왕실의 마음을 흔들어 나중에 「인디오 보호법」을 성립하게 했다. 종교 가로서 양심에 부끄러움 없이 용기 있는 행동을 관철했다는 점을 분명히 해두고 싶다.

45 스페인 무적함대를 격파하고 세계의 제해권을 장악하다

저무는 스페인을 대신해 민간 사회의 주도로 해외 진출을 꾀하다

포르투갈과 스페인이 대항해 시대에 돌입해 한창 정신이 없을 때 다른 유럽 나라들은 전혀 관심이 없었다. 베네치아나 제노바 등의 이탈리아 도시 국가는 레바논 교역으로 번성했기 때문에 바로 실리를 얻을 수 없는 원정에 나설 필요가 없었다. 다른 나라들은 국내 사정으로 골머리를 앓고 있었다.

15세기 영국은 장미 전쟁으로 오랫동안 혼란의 시기를 겪고 헨리 7세가 튜더 왕조를 열어 절대 왕정의 기초 다지기에 착수했다. 헨리 8세부터 메어리 1세의 집권기에도 혼란은 반복되었지만, 엘리자베스 1세가 되면서 안정을 되찾아 드디어 관심을 바깥으로 돌려 활동하기 시작했다.

마침, 런던 상인들의 출자로 수출을 확대하기 위해 항해 통로의 개척이 시작되려 할 때 절묘하게 신대륙에서 금은을 운반하는 스페인 배를 공격하고 약탈하는 영국의 해적선이 활약한다. 황금에 대한 욕심과 향료 독점욕에 자극을 받은 영국에서 갑자기 항해 열기가 뜨거워진다.

계속 반복되는 약탈 행위가 영국에 부, 항해 기술, 제해권의 확보를 가져다 주다가 드디어 1588년에 아르마다 해전에서 스페인의 무적함대를 격파하면서 영국의 승리는 확실해진다. 이 기세를 몰아 영국은 북아메리카에 식민을 개시하는 한편, 아시아 방면에서도 동인도 회사를 설립한다.

왕실이 함부로 부를 낭비한 스페인과 달리 영국은 민간 상인 주도형으로 무역을 확대해 부를 얻었고, 국내 생산 육성에 투자하면서 근대 자본주의 발전을 촉진하는 형태로 사용한다. 그리고 여기서 확립된 상행위가 근대 산업 사회의 원형을 형성한다. 영국은 '세계의 공장'으로 융성한 발전을 이룬다.

영국이 근대 세계의 정점에 우뚝 선 것이다.

엘리자베스 1세의 정치

외정

- 프랑스 위그노 전쟁에서 스페인의 편을 드는 가톨릭교에 대항하는 신교도파 편에 섬.
- 스페인에 대항해서 네덜란드 독립 전쟁을 지원
- 미국의 버지니아를 식민
- 가톨릭교도인 스코틀랜드 여왕 메리 스튜어트 처형
- 스페인 무적함대를 아르마다 해전에서 격파

내정

- 「통일법」을 제정해 영국 국교회를 확립
- 국왕 직속의 관료 조직을 중심으로 한 정치

중상주의

- 화폐 제도를 통일하고 상업을 활성화
- 스페인에 대항해 국내 모직물 공업을 보호
- 동인도 회사 설립

엘리자베스 1세

Column

프랜시스 드레이크 경 – 해적 선장의 활약

드레이크 선장은 역사적으로 유명한 아르마다 해전에서 활약한 인물이다. 신분은 해적이었지만, 정식 명칭은 '프랜시스 드레이크 경'으로 언제부터인가 버젓한 귀족이 되어 있었다.

정박 중인 스페인 무적함대를 향해 불이 붙은 배로 돌진한다든지, 해적이 아니라면 도저히 생각해 낼 수 없는 전법으로 교란을 일으켜 대활약한 덕분에 엘리자베스 1세로부터 훈장을 수여받고 귀족 호칭까지 얻은 것이다.

영국이 세계의 바다를 제압한 결정적인 해전의 승리자로 기록되지만, 이후 스페인이 힘을 회복하여 영국과 경쟁하게 된다. 그래서 영국이 세계의 바다를 제패하기까지는 좀 더 시간이 걸린다.

엘리자베스 1세는 해적 신분이었다   영국의 엘리자베스 1세 시절에 '나포 면허장'이라는 이름의 면허장을 받아 해적 행위를 일삼는 배가 있었다. 특히 신대륙과 교역하는 스페인 배를 격퇴하고 약탈했다. 유명한 드레이크 선장이 약탈한 부는 60만 펀드, 여왕은 4700%의 배당금을 받았다. 그리고 드레이크 선장은 귀족이 되었다.

46 '고이젠'이라 불리던 칼뱅주의자의 국가 탄생

경제력을 배경으로 로마 가톨릭 국가인 스페인으로부터 독립하다.

이탈리아 르네상스와 더불어 꽃을 피운 네덜란드(저지대)는 중세 이후 모직물 공업과 중계 무역으로 발전했다. '천직에 힘쓰는 것이 신의 뜻'이라고 설파하는 신학자 칼뱅의 가르침은 '고이젠(거지라는 의미)'이라 불리는 공업자가 많은 북부 지방에서 매우 자연스럽게 받아들여졌다.

그런데 이곳은 원래 합스부르크가의 영지였는데, 1556년에 스페인왕 펠리페 2세가 계승한다. 그러자 펠리페 2세는 가톨릭으로의 개종을 강요할 뿐만 아니라 중세를 부과하고 자치권과 특권 등 여러 가지를 박탈하는 행동에 나서 고이젠은 1568년에 독립 전쟁을 걸기한다.

머지않아 남부 10개 주(현재의 벨기에)도 독립 전쟁에 가담하지만, 가톨릭이 많아서 도중에 기세가 꺾이고 타협을 하게 된다. 결국 네덜란드의 북부 7개 주가 위트레흐트 조약을 맺고 1581년에 네덜란드 연방공화국으로 독립한다. 중심이 홀란트 지역이라서 '홀란트'라고도 불린다.

네덜란드는 프랑스와 영국의 지원을 받아 아시아 무역과 인도네시아 자와섬 등의 식민지 경영을 책임지는 동인도 회사를 설립한다. 그리고 뒤늦게나마 군대를 증강해 본격적인 무역과 식민지 경영에 나선다.

그리고 얼마 지나지 않아 스페인은 '무적함대'라고 불리는 일대 해군을 이끌고 영국과 결전(아르마다 해전)에 도전하지만, 완패하고 이후 쇠퇴 일로를 걷는다. 그리고 네덜란드는 평화의 기운이 불어오기 시작한 틈에 스페인과 휴전 협정을 체결하여 사실상 독립국이 된다. 국제적으로도 베스트팔렌 조약을 통해 독립이 승인되면서 신흥국 네덜란드가 탄생한다(1648년).

네덜란드의 탄생

네덜란드의 독립 전쟁
1568~1609년

펠리페 2세

원인 스페인 왕국 펠리페 2세가 네덜란드에 가톨릭을 강요

영국 ◄—**지원**—► 가톨릭을 강제당한 **신교도파의 상공업민** (고이젠) —**항쟁**—► 스페인

결과

1581년 신교도파 제후인 오라녜 공 빌렘이 네덜란드 독립 선언

1609년 사실상 독립

'종교 전쟁'이라고는 하지만, 절대적인 세력을 자랑하는
스페인 합스부르크 '왕가 vs. 영국'이라는 정치적인 측면도 있었다.

Column

독립 전쟁의 주역 – **고이젠의 의미**

고이젠의 의미가 '거지'라는 것을 확인하고 바로 수긍해서는 안 된다. 사실 고이젠은 스페인 종교 정책을 비판한 하급 귀족이 결성한 '거지당'에서 유래하지만, 그리 간단한 문제가 아니다.

원어 'Geusen'은 무심코 고이젠으로 읽기 쉬운데, 정확하게 읽으면 '호이젠'이고 독일어의 '고이젠'이 변한 발음이라는 사실을 알아야만 한다. 다언어 국가, 종교도 민족도 모자이크처럼 뒤섞인 지역이다 보니 잡탕죽 상태가 된 것이다.

언어·종교·민족이 모자이크 상태 구네덜란드에서 독립 전쟁에 관여하지 않았던 곳은 현재의 벨기에와 룩셈부르크이다. 벨기에는 켈트족의 왈롱어(프랑스어)를 사용하는 가톨릭이 다수파인 남부 지역과 게르만족의 플람스어(네덜란드어)를 사용하는 북부로 경계가 그어졌다. 네덜란드라는 국가 이름으로 독립한 북부 7개 주는 남부에서 이주한 신교도로 북적였다.

47 아시아에서 유일한 절대주의 국가의 가능성

동아시아 시장을 제압하는 일본 상인단의 활약

일본 근대사가 메이지유신이 아닌, 쇼쿠호(織豊) 정권 시대부터 시작된 것이라고 하면 대부분의 일본인은 놀랄 것이다. 그러나 세계사적인 관점에서 보면 쇼쿠호 정권은 서유럽의 절대왕(국왕)과 같고 중상주의를 기본 정책으로 한 절대주의 국가였다고 해도 좋다. 1번 타자인 오다 노부나가(織田信長)는 소년 시절부터 '멍청이'라고 불린 난폭자였는데, 오와리(尾張) 지방 굴지의 내륙항, 이세만(伊勢湾) 교역의 요충지로 번성했던 상인 도시 쓰지마(津島)를 놀이터로 자란 덕분에 천성적으로 상인 다이묘(大名), 절대왕이 되었다. 성장하면서 본질을 발휘해 락쿠이치·라쿠자(樂市樂座: '樂'은 규제가 완화된 자유로운 상태라는 의미로, 상인의 자유로운 왕래와 영업 활동을 장려한 경제 정책이다)로 시작한 중상주의 정책은 센슈 사카이(泉州堺)나 치쿠젠 하카타(筑前博多)와 같은 자유 도시를 중요시하고 상품 생산과 유통을 촉진한다. 천하 통일을 도모하는 일은 봉건적 할거에 종지부를 찍고 통일 정권의 수립뿐만 아니라 전국 시장을 형성하는 일이었다.

혼노지의 변으로 쓰러졌을 때 노부나가의 지배국은 긴키(近畿)·도카이(東海)·호쿠리쿠(北陸)·주부(中部)·주고쿠(中国) 지방 각 방면으로 25개국, 대략 1,500만 석(石) 정도가 있었다. 싸움 상대인 다케다 신겐(武田信玄)이나 우에스기 겐신(上杉謙信)이 기껏해야 4~5개국이던 것과 비교하면 압도적이다. 시바타 가쓰이에(柴田勝家), 하시바 히데요시(羽柴秀吉, 도요토미 히데요시), 아케치 미쓰히데(明智光秀), 도쿠가와 이에야스(德川家康) 등의 무장에게 영국을 나눠 주지 않고, 노부나가의 영국을 관리하는 대관으로 지명할 뿐이었다.

오다 노부나가의 천하 통일과 주요 정책

주요 정책

락쿠이치·라쿠자

관소 폐쇄

기독교 보호

남반 무역

2 미노 공략(1567년)

3 상락(교토로 들어감)(1568년)
4 무로마치막부 멸망(1573년)
8 혼노지의 변(1582년)

7 다케다 가문 멸망(1582년)

5 나가시노 전투(1575년)

6 아즈치성 축성(1576~1579년)

1 오케하자마 전투(1560년)

Column

상인의 독자적인 문화 – **마치슈(町衆, 상공업자)** 도시 문화

노부나가 시대에는 상품 경제의 비약적인 발전으로 도시와 농촌 시장, 신사나 절이 있는 지역이 급격히 번화했다. 외국 무역의 터미널이 된 센슈 사카이나 치쿠젠 하카타 외에도 셋츠 히라노(摂津平野), 이세 쿠와나(伊勢桑名), 이세 오미나토(伊勢大湊), 우고 사카타(羽後酒田)와 같은 자유 도시가 유명하다. 그 속에서 상인의 독자적인 문화가 창조된다. 센노 리큐(千利休)가 완성한 다도는 사카이 상인의 독자적인 아이디어에 의해 훌륭하게 완성된 것으로, 다도실의 구조부터 정원, 다기·다도 세트, 꽃꽂이, 서화, 향 그리고 의식에 이르기까지 전부 하나로 정리되었다.
다이묘는 상인의 뒤를 따르며 보고 배우는 관계였는데, 노부나가 이후에는 위치가 역전되었다. 다도는 천하 통일의 수단이 되고 상인은 다이묘 아래에 놓인다.

조공 교역을 이용한 류큐 왕국의 활약 중화사상에 기반을 둔 조공 교역은 쇄국정책을 전제로 한 국가 관리 무역이다. 아시카 요시미츠(足利義満)가 일본 국왕이라고 칭하며 명나라와 감합무역(勘合貿易)을 개시한 것이 좋은 예이다. 훨씬 성공한 예로는 류큐 왕국의 중계 무역을 들 수 있다. 포르투갈인이 다네가섬(種子島)에 오기 전부터 믈라카에서 류큐 상인과 교역하던 것은 공공연한 비밀이었다.

48 외국 무역과 국내 시장의 육성을 억제한 막부

전국 시대를 끝낸 이에야스의 철학은 상업 억제책이었지만….

1600년 세키가하라(関ヶ原) 전투 이후 도쿠가와 이에야스(德川家康)는 사실상 천하인(천하의 정권을 장악한 사람)으로 정사를 집행하게 되고 머지않아 정이대장군(征夷大將軍)으로 에도(江戶)에 '막부'를 개설한다. 그러나 이 정권은 쇼쿠호 정권이 지향하는 절대주의 국가를 완성하기 위해 전국의 다이묘 제후를 통치하는 권력이 아니었다.

절대주의 국가는 상업과 상인을 중시하는 중상주의 정책을 기본으로 삼고 있지만, 이에야스는 상업을 혼란, 하극상, 동란의 원인으로 보고 억제하면서 농업 본위의 나라 만들기를 기본으로 삼았다. 평생 전쟁으로 어지러운 세상에 시달려온 이에야스로서는 '절대 평화'를 근본 도리로 삼고 싶었던 것이리라. 일부러 동국(일본을 크게 두 지역으로 나누는 방법으로, 서국(西國)은 교토·오사카 중심, 동국(東國)은 도쿄 중심으로 물러나 막부를 연 것도 동국 무사단(東國武士團)의 자손으로 미나모토노 요리토모(源賴朝)와 다케다 신겐(武田信玄)을 신봉한다는 표현이기도 하고, 노부나가, 히데요시와는 '조화롭게 어울리되 뇌동하지 않는다(군자화이부동, 君子和而不同)'라는 모습을 보여 줄 필요가 있었기 때문이다. 그 결과, 막부의 경영 파탄·재정 파탄은 만성화되어 여러 대에 걸친 쇼군 집권하에서 재정 개혁은 반복되지만, 다누마 오키쓰구(田沼意次)의 적극적인 중상주의적 개혁 외에는 볼 만한 것이 없다. 전부 이에야스 이후의 조법(祖法), 즉 농본주의를 넘어서지 못하고 대부분 얄팍한 정책으로 끝났다.

그 사이에 유럽은 대항해 시대를 거쳐 영국, 네덜란드, 프랑스와 같은 나라들이 절대주의 국가로 변모하였고 아프리카에서 미국, 아시아로 뛰어들면서 무역과 식민에 온 힘을 쏟으며 급격하게 발전한다.

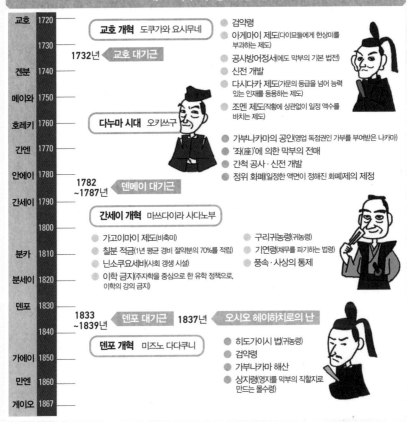

에도 막부와 경제 정책

연호	연도		내용

교호 개혁 도쿠가와 요시무네

1732년 ◁ **교호 대기근**

- 검약령
- 아게마이 제도(다이묘들에게 헌상미를 부과하는 제도)
- 공사방어정서(에도 막부의 기본 법전)
- 신전 개발
- 다시다카 제도(가문의 등급을 넘어 능력 있는 인재를 등용하는 제도)
- 조멘 제도(작황에 상관없이 일정 액수를 바치는 제도)

다누마 시대 오키쓰구

- 가부나카마의 공인(영업 독점권인 가부를 부여받은 나카마)
- '좌(座)'에 의한 막부의 전매
- 간척 공사·신전 개발
- 정위 화폐(일정한 액면이 정해진 화폐)제의 제정

1782 ~1787년 ◁ **덴메이 대기근**

간세이 개혁 마쓰다이라 사다노부

- 가고이마이 제도(비축미)
- 칠분 적금(1년 평균 경비 절약분의 70%를 적립)
- 닌소쿠요세바(사회 갱생 시설)
- 이학 금지(주자학을 중심으로 한 유학 정책으로, 이학의 강의 금지)
- 구리귀농령(귀농령)
- 기연령(채무를 파기하는 법령)
- 풍속·사상의 통제

1833 ~1839년 ◁ **덴포 대기근** 1837년 ◁ **오시오 헤이하치로의 난**

덴포 개혁 미즈노 다다쿠니

- 히도가이시 법(귀농령)
- 검약령
- 가부나카마 해산
- 상지령(영지를 막부의 직할지로 만드는 몰수령)

교호 1720 / 1730
겐분 1740
메이와 1750
호레키 1760
간엔 1770
안에이 1780
간세이 1790 / 1800
분카 1810
분세이 1820
덴포 1830 / 1840
가에이 1850
만엔 1860
게이오 1867

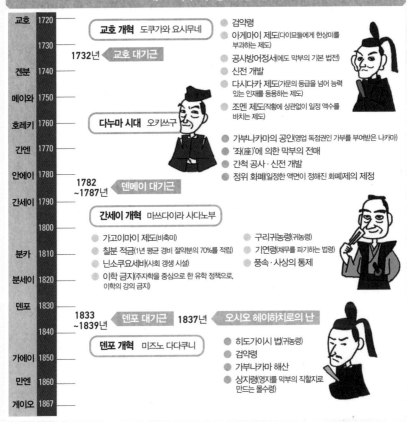

제6장

근대 국가의 탄생

Column

누가 더 훌륭할까? **도쿠가와 요시무네와 다누마 오키쓰구**

막부 중흥의 선조로 칭송되는 8대 쇼군 요시무네(吉宗). TV 프로그램에서도 영웅시되어 인기가 많다. 〈오오카 에치젠(大岡越前)〉(1970년부터 1999년에 방영된 시대극 TV 드라마)이나 에도 시대 소방대인 메구미(め組) 등 조연도 많다. 그에 반해 다누마 오키쓰구는 어떤가? 뇌물 다누마와 같은 악평만 있다.

진실은 무엇일까? 요시무네는 도쿠가와의 분가인 기슈 도쿠가와가(紀州德川家)의 적자였던 사내가 팔자 좋은 도노사마가 되었고, 어느새 막부의 수장인 쇼군이 되었다.

주인선 무역으로 활약한 일본 상인 도쿠가와 이에야스는 정이대장군으로 취임할 때 주변 국가들에 친선 편지를 보냈다. 히데요시와 달리 거만한 태도 없이, 일본 주인선이 도항했을 때 잘 부탁한다는 취지의 편지였다. 그리고 30여 년 동안 400회에 가까운 주인선(朱印船)의 도항이 있었다. 그 덕분에 동남아시아 국가들의 항구에는 일본인 마을이 만들어지고 활발한 상업 거래가 이루어졌다.

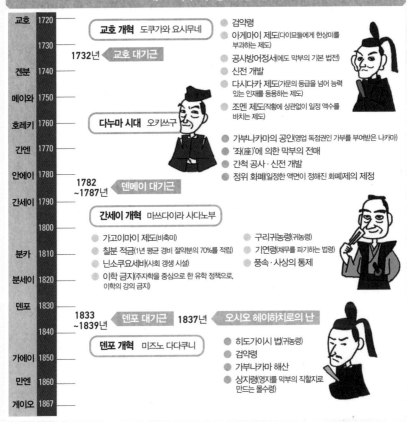

49 태양왕의 프랑스 절대주의 국가 건설의 전망

철저한 권력 집중, 베르사유 궁전 건축과 중상주의 시책

프랑스 절대 왕정은 앙리 4세가 기초를 다지고 루이 13세가 확립하였다. 그리고 루이 14세 때 가장 전성기를 맞이한다. 이때 간과해서는 안 되는 3명의 인물이 있다.

한 명은 앙리 4세를 섬긴 재상 리슐리외이다. 그는 위그노 전쟁 이후 갈등 관계에 있던 가톨릭과 프로테스탄트의 화합을 도모하고 스페인과 화해에 성공하였다. 루이 13세 때는 신분 제도회인 삼부제의 소집을 중지하여 절대 왕정을 강화하는 데 공헌했다.

리슐리외에게 발탁되어 리슐리외가 죽은 후 루이 13세의 재상이 되고 루이 14세 때도 수석 고문관으로 활약한 것이 쥘 마자랭이다. 그는 로마 교황청의 외교관으로 이탈리아인이었지만 프랑스로 귀화하여 30년 전쟁에 결착을 내고 국내 귀족의 프롱드 난도 진압해 질서를 잡았다.

또 한 사람은 쥘 마자랭이 발탁하여 루이 14세의 재무장관이 되고, 전형적인 중상주의 정책을 추진한 장 바티스트 콜베르이다. 그는 국내 생산을 보호하고 수출을 적극적으로 장려하면서 '태양왕'이라 불리던 루이 14세의 전성기를 뒷받침했다. 기존의 융단, 고블랭과 함께 무기, 유리, 도자기와 같은 산업을 발전시켰다. 그 결과, 중상주의를 '콜베르 주의'라고 일컫는 조어까지 만들어질 정도였다. 콜베르 최대의 성과는 베르사유 궁전을 건축한 일일 것이다. 절대 왕정의 강화에 필요한 국가 기능에 집중해 국가의 중심 시설, 상징으로의 기능을 최대로 발휘하게 된다. 신성 로마 제국은 해체되고 스페인 제국도 어둠 속으로 가라앉고 국제 환경도 변했다. 뒤늦게 식민지 지배에 나선 프랑스의 새로운 라이벌은 네덜란드와 영국이었다.

프랑스 절대 왕정의 주인공들

프랑스 국왕
앙리 4세
1553~1610년

낭트 칙령으로 전란을
종결짓고 절대 왕정의
기초를 세웠다.

재상
리슐리외
1585~1642년

위그노의 정치력을
제압해 왕권의
절대화를 도왔다.

프랑스 국왕
루이 13세
1601~1643년

삼부회의 소집을
중지하는 등
절대 왕정을 확립했다.

재상
쥘 마자랭
1602~1661년

프롱드의 난을 진압해
반국왕 세력을
일소했다.

프랑스 국왕 루이 14세
1638~1715년

왕권신수설에 따라 친정을 개시하고,
베르사유 궁전을 건축하는 등
절대 왕정의 전성기를 실현했다.

재무장관
장 바티스트 콜베르
1619~1683년

국내 생산의 보호와 육성, 동인도
회사 재건 등 중상주의 정책으로
절대 왕정을 보좌했다.

Column

베르사유 궁전 건축은 루이 14세 평생의 꿈이었다

프랑스 역대 국왕의 궁전에는 퐁텐블로, 루브르 등이 있는데, 루이 14세는 즉위 후 궁전을 전전하
며 이동했다. 그러나 무슨 까닭에서인지 베르사유를 좋아해 대궁전을 만들고 싶어 했다.

작은 성관이 여기저기 흩어져 있기만 했던 베르사유는 10년 이상의 세월에 걸쳐 장대하고 사치의
극치인 궁전으로 변신한다. 루이 14세가 입거한 것은 1682년이다. 이후 왕궁과 국가 기관이 전부
집중해 있는 베르사유 궁전은 프랑스의 영광과 더불어 빛을 발했다.

크게 달라진 점은 귀족들이 루이가 의도한 대로 궁정을 생활 공간으로 삼은 국왕의 시종, 궁정 귀
족이 되었다는 점이다.

전형적인 중상주의자 장 바티스트 콜베르 태양왕 루이 14세의 심복으로 활약한 콜베르는 앙리 4세와 루이 14세에
이어 부르봉 왕조를 발전시킨 재상 리슐리외, 쥘 마자랭의 제자라고 한다. 국내 생산의 보호 육성에 힘쓰고 공장제 수
공업을 보급하여 네덜란드와 영국에 뒤처지는 것을 만회하면서 루이 14세의 기반을 다졌다.

50 독일의 동방 식민이 낳은 지주 귀족의 군사 국가

독일 기사단의 전통을 계승하는 융커(프로이센 귀족)의 나라

1648년 베스트팔렌 조약으로 신성 로마 제국의 30년 전쟁이 종결되었다. 오랫동안 북부 유럽을 중심으로 군림해 온 신성 로마 제국은 사실상 해체되었다. 스위스와 네덜란드가 국가로 독립하는 것도 국제적으로 승인되었다.

이런 상황 속에서 주목을 받은 나라가 프로이센국이었다. 프로이센국은 원래 십자군의 전성시대에 성지 예루살렘에서 귀환한 독일 기사단이 동방 식민에 종군해서 개발한 영지였는데, 1525년에 호엔촐레른가에 군주를 요청해 프로이센 공국이 된 것이다.

이후 변천을 거쳐 1701년에 스페인 계승 전쟁이 발발하면서 원래 가톨릭 진영에 속해 있던 프로이센 공국은 쇠퇴했다고는 하지만, 존속하던 신성 로마 황제의 진영에 속해 참전하였다. 프리드리히 1세의 왕호가 계승되어 국호가 프로이센 왕국이 되었다.

프리드리히 1세를 지지하던 세력은 전통적인 지주 귀족인 '융커'이다. 그들이 프로이센 왕국의 장교단으로 결속해 왕권의 기둥이 되었다. 사치스러운 궁정 생활을 배제하고 질실강건(質実剛健, 꾸밈없이 착실하고 심신이 건강함)을 중시하는 기풍은 프로이센 왕국의 독특한 문화를 규정한다.

또한 프로이센 왕국은 가톨릭과 프로테스탄트 사이에서 반복된 30년 전쟁으로 인해 황폐해진 독일을 오랫동안 지켜봤기 때문인지, 특정 종교에 구애되지 않고 당시의 세계사적으로 드문 비종교 국가를 지켜왔다. 이것이 대국으로 발전하는 길을 열었는지도 모른다. 독일은 이와 같은 프로이센 왕국의 확실한 전통과 기질을 민족의 유전자로 계승하면서 근대 국가 독일 연방을 만들어간다. 유럽의 역사로 보면, 희귀한 국가였다.

프로이센 왕국의 탄생

●리가

코쿨랜드

리투아니아

메멜●

쾨니히스베르크●

●그단스크
(단히치)

프로이센 공국

●포즈난

●바르샤바

폴란드 왕국

브로츠와프(브레슬라우)●

실레시아
(슐레지엔)

크라쿠프(크라카우)●

| 1134년 | 브란덴부르크 선제후국이 성립 |

동방 식민이 활발해짐

1230년	독일 기사단령 성립
1466 ~ 1657년	폴란드의 지배하에 놓인다.
1525년	프로이센 공국이 성립

1618년	브란덴부르크 프로이센 동군연합이 성립
1648년	베스트팔렌 조약으로 동포메라니아 등을 획득
1701년	스페인 계승 전쟁으로 왕호를 받아 프로이센 왕국이 된다.

프리드리히 2세

Column

부자 2대의 계몽 절대 군주, **프리드리히 1세와 대왕**

프로이센 왕국은 '군인왕'이라 불렸던 프리드리히 1세와 '대왕'이라 불렸던 프리드리히 2세에 의해 구축되어 근대 유럽 사회의 일원이 되었다.

특히, 종교적 관용은 프랑스에서 위그노 교도의 집단적인 이주를 촉진해 농업 사회였던 프로이센의 뒤처진 산업을 활발하게 했다.

또한 프리드리히 대왕은 프랑스의 계몽 사상가 볼테르를 불러들인 계몽 군주로 알려졌지만, 이와 반대로 합스부르크가의 마리아 테레지아에 대항해 러시아와 프랑스를 상대로 7년 전쟁을 버텨 낸 군인왕으로 높이 평가된다.

그 결과, 부왕을 뛰어넘는 군인왕으로서 '대왕'이라 불린 것이다.

연약한 소년이 군인왕으로 변신 유년기 시절의 프리드리히 대왕은 플루트와 독서를 매우 좋아하는 철학 소년이었다. 부왕은 전형적인 체육계로, 빈약한 소년에게 가정 폭력을 일삼았다. 어느 날 측근을 데리고 가출을 하지만, 수색 끝에 잡혀 집으로 끌려 돌아오고 측근은 면전에서 처형된다. 소년은 너무나 충격이 커서 실신해 버리지만, 자신의 무책임을 부끄럽게 생각하고 완전히 달라졌다고 한다.

51 뒤처진 유럽의 동단＝아시아 서단의 제국

서구화 정책으로 개혁을 추진한 '왕좌에 앉은 혁명가'

'러시아'라는 이름은 15세기 말 문헌에 처음 등장한다. 이미 구몽골 제국의 영향은 완전히 불식되어 모스크바 대공국 이반 3세가 처음 '차르(황제)'라는 칭호를 사용하기 시작했다. 이때부터 역사가 시작된다.

그런데 러시아 역사는 1613년에 개설된 로마노프 왕조의 제3대 차르인 표트르 대제부터 시작되었다고 해도 과언이 아니다. 표트르는 뒤처진 러시아를 위해 강력한 권력을 동원해 서구화와 부국강병의 개혁을 추진했기 때문에 '왕좌에 앉은 혁명가'라고 불렸다.

2m에 가까운 장신으로 힘이 넘치는 청년 시절, 이복누이 소피아 공주의 쿠데타로 추방되어 성 밖에서 지내게 되는데, 매일 시맨십(Seamanship) 놀이와 군대 놀이를 했다. 놀이라고는 하지만, 진짜 무기와 대포를 갖추고 실제 장교 밑에서 일개 병졸로 훈련을 받았다고 전해진다.

또한 황제가 되고 1697년 유럽의 선진적인 군사 기술을 배우는 사절단을 파견할 때 표트르도 익명으로 참가하였다. 암스테르담에 있는 동인도 회사의 조선소에서 직접 쇠망치를 휘두르며 실습했다고 한다. 무슨 일이든 솔선수범한 황제였다.

그 결과, 출구를 찾아 북쪽 발트해에서 남쪽 아조우해, 흑해로 향해 상대국인 스웨덴과 오스만 튀르크와 싸웠다. 스웨덴과 싸울 때는 덴마크, 폴란드와 제휴하였다. 국내에서는 징병제를 실시해 국민 전쟁으로 싸우고, 승리의 날이 밝자 국가적 행사로 새로운 수도 페테르부르크를 건설하여 국위 선양을 꾀했다.

또한 표트르는 농노제 강화 등 근대화에 역행하는 절대왕정의 개혁에도 손을 댔다.

러시아의 성립

862년	바이킹의 수장 류리크 형제가 노브고로드 공국을 건설
9~13세기	노브고로드 왕이 남하해 키이우 공국을 건설
13~15세기	키이우 공국은 몽골 복속하에 놓임.
1480년	모스크바 대공인 이반 3세가 다른 제후국을 병합하고 통일해 몽골로부터 자립하는 데 성공하고 차르라는 명칭을 사용함.
1581년	코사크의 대장 예르마크가 시베리아로 원정
1613년	미하일·로마노프가 러시아 황제로 선출 1917년까지 이어지는 로마노프 왕조의 개창자가 됨.
1689년	표트르 1세가 러시아와 청나라의 국경을 확정하는 네르친스크 조약을 체결함.
1700 ~ 1721년	덴마크, 폴란드, 프로이센을 자기편으로 삼은 스웨덴과 북방 전쟁
1727년	캬흐타 조약 체결 네르친스크 조약으로 불리한 입장을 개선함.

표트르 1세

Column

바깥세상만 보고 있는 **표트르 대제**

표트르 대제한테는 이상한 버릇이 있었다. 유럽 시찰에서 귀국한 대제는 복장을 유럽풍으로 바꾸게 할 뿐 아니라 러시아 귀족의 전통인 긴 턱수염을 자르라고 명령했다. 그리고 자르지 않는 자에게는 '수염세'를 부과했다.

한편, 1702년에 모스크바에 흘러들어온 '덴베'라는 일본인을 만났을 때 대제는 그에게 "러시아어를 하게 되면 일본어 교사가 돼라"라고 명령했다고 한다. 외부에서 온 자한테는 맹목적이었다는 일화가 있다.

🔦 **우아한 예카테리나 궁전**　표트르 대제의 황후이기도 했던 제2대 러시아 황제 예카테리나에서 유래하는 여름의 궁전으로 애인들과 지낸 별장으로 유명하다. 여주인의 취향이 호화로움보다는 구석구석까지 미적 센스가 돋보이는 우아함이 감돈다. 특히, '호박의 방'은 유명하다. 상트페테르부르크에서 그리 멀지 않으니 한 번쯤 방문해 보길 권한다.

52 기계에 의한 대량 생산과 대량 운반 시대의 개막

공장제 기계 공업으로 자본주의 사회가 급격히 발전하다

18세기 후반 영국에서 공장제 수공업의 생산 양식을 크게 변화시키는 기계가 발명되고, 이와 동시에 기계를 움직이는 동력 기관에 증기가 이용되는 일대 변혁이 일어났다. 이로 인해 믿을 수 없는 속도로 대량 생산이 가능해졌다.

기계 이용은 면 공업부터 시작되었다. 그리고 기계 공업, 철 공업, 석탄업의 순서대로 확장되고 더욱이 철도와 선박까지 파급되면서 급격한 사회 변동을 일으킨다. 이 일련의 연쇄 반응적인 기술 혁신에 따른 사회 변화를 '산업혁명'이라고 한다.

이미 자본주의 사회의 형식은 정착해 있었지만, 산업혁명으로 확립되었다. 기본적인 사회의 성립 기반을 '농업'에서 '공업'으로 전환한다. 이와 더불어 생활 양식도 크게 변했다. 인구의 도시 집중을 초래했고 맨체스터, 버킹엄, 리버풀 등의 공업 도시가 연이어 출현했다.

그 배후에서는 농촌 파탄에 가까운 '울타리 운동'이 진행되었다. 영주나 지주소작인을 경작지에서 내쫓고 울타리로 둘러싸서 대량의 양을 사육하였다. 면 공업의 재료가 되는 양모를 공급했다. 내쫓기고 추방당한 소작인들은 임금 노동 공급자가 되어 산업혁명을 짊어지는 일꾼이 된다.

영국은 석탄, 철 등의 자원이 풍부하다 보니 '세계의 공장'으로 활약하게 된다. 그 결과, 영국은 중상주의 단계인 식민 사회의 사치품을 중심으로 한 수출입이 아닌, 기업의 자유 경쟁으로 원재료를 싸게 얻고 독점해서 판매하는 시장의 역할을 해 줄 식민지 획득으로 눈을 돌리게 된다.

그 표적이 된 곳이 인도, 중국(청나라), 북아메리카, 아프리카였다. 이러한 나라들과 지역들도 점차 큰 변동에 휩쓸린다.

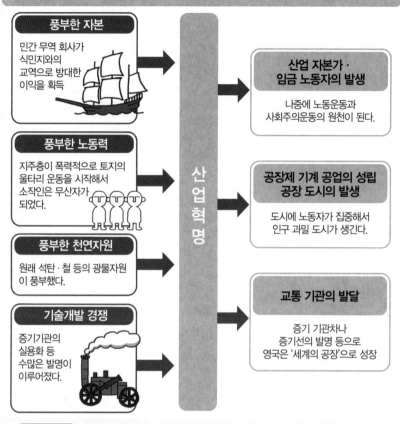

영국 산업혁명의 원인과 결과

풍부한 자본
민간 무역 회사가 식민지와의 교역으로 방대한 이익을 획득

풍부한 노동력
지주층이 폭력적으로 토지의 울타리 운동을 시작해서 소작인은 무산자가 되었다.

풍부한 천연자원
원래 석탄·철 등의 광물자원이 풍부했다.

기술개발 경쟁
증기기관의 실용화 등 수많은 발명이 이루어졌다.

산업혁명

산업 자본가·임금 노동자의 발생
나중에 노동운동과 사회주의운동의 원천이 된다.

공장제 기계 공업의 성립 공장 도시의 발생
도시에 노동자가 집중해서 인구 과밀 도시가 생긴다.

교통 기관의 발달
증기 기관차나 증기선의 발명 등으로 영국은 '세계의 공장'으로 성장

Column

영국에서 세계로 확장되는 **산업혁명**

영국은 세계의 공장이 되고 세계의 부를 독점한다. 그러나 1825년에 기계 수출이 가능해지면서 유럽 각국으로 산업혁명이 파급되고 경합 경쟁이 시작된다.

먼저 벨기에가 풍부한 철과 석탄을 활용해 산업혁명을 추진했는데, 프랑스는 높은 관세 정책으로 영국과 경쟁한 것이 악재가 되어 흐지부지된다.

이런 상황 속에서 정부가 나서서 국가 자본을 투입해 중화학 공업 육성에 힘을 쏟는 나라도 있었다. 경공업부터 시작하는 것이 순리에 맞는 정책이지만, 자본이 드는 중공업부터 착수한 것이다. 이는 자유 경쟁이 아닌 국책이었다.

산업혁명의 혁명 기관인 증기 기관 영국 산업혁명의 발전에 중요한 역할을 한 것이 증기 기관의 발명과 실용화이다. 산업혁명의 원동력이고 추진력이 되었다. 처음에는 탄광의 배수용 동력 기관으로 개발되었는데, 점차 방직과 직기, 기차나 기선의 형태로 교통 기관에 응용되었다. 이른바 작업 혁명이 사회 혁명을 일으킨 것이다.

53 북아메리카 13주의 독립 선언, '대표 없이 과세 없다'

신앙의 자유, 자유로운 무역과 개척을 요구하는 사람들의 외침

17세기 초부터 18세기 중반까지 수백 년의 시간을 들여 개척된 북아메리카 동부에 성립된 13지구의 영국 식민지는 신앙의 자유를 찾아 이주해 온 청교도인이나 자유로운 무역과 개척으로 막대한 부를 꿈꾸며 바다를 건너온 사람들의 베이스캠프였다.

13지구 식민지 사람들은 영국 본국의 의회 정치를 모방해 식민지 의회를 개설하였다. 자치적인 사회 제도를 만들어 질서를 유지했지만, 영국 본국은 미국 식민지의 독자적인 상공업의 발전을 인정하려 하지 않고 본국의 이익을 우선시했기 때문에 자주 충돌이 일어났다.

그리고 결전의 날을 맞이했다. 1765년에 영국 본국이 일방적으로 『인지법』을 포고했기 때문에 식민지 의회는 '대표 없이 과세 없다'(자신들의 대표자를 빼고 결정한 세금 제도는 무효)라는 반론을 폈다.

1773년에는 영국 본국이 차를 관세 없이 미국으로 수출하는 특권을 동인도 회사에 부여해 반발이 생겼다. 미국의 수입 상인은 보스턴에 입항한 동인도 회사의 배를 불로 공격한다.

이후 대립은 뚜렷해지고 1775년 렉싱턴에서 무력 충돌이 발발하자마자 식민지 측은 조지 워싱턴을 총사령관으로 한 독립군을 편성하였다. 이듬해 7월에는 토머스 제퍼슨이 기초한 〈독립선언〉을 발표한다.

프랑스, 스페인 등도 영국과 대항할 상태로 독립군을 지원하는 쪽으로 돌아섰기 때문에 독립군은 우승을 확보할 수 있었다. 1781년 요크타운 전투에서 승리를 거두어 1783년에 영국과 파리 강화 조약을 체결하고 아메리카 합중국을 건국하면서 독립한다. 이에 따라 미시시피강 동쪽의 루이지애나를 국토로 인정받는다.

영국의 중상주의 정책과 미국의 반항

1765년 영국이 『인지법』을 포고 ➡ 식민지 의회가 '대표 없는 과세 없다'라고 결의

1773년 영국이 『차법』을 포고 ➡ 식민지의 반대 분자가 '보스턴 차 사건'을 일으킨다.

1775년 영국이 보스턴 항구를 폐쇄 ➡ 식민지의 패트릭 헨리가 '자유를 주어라. 자유를 주지 않으면 영국에 죽음을 줄 것이다'라고 연설

1775년 콩코드에서 무력 충돌 ➡ 렉싱턴 콩코드 전투에서 독립 전쟁을 개시

1776년 토머스 페인이 『상식론』을 발간하고, 토머스 제퍼슨이 〈독립선언〉을 발표

1783년 파리 강화 조약으로 독립이 승인된다.

워싱턴

Column

중앙 정부 없이 평화로운 연합체 – 미국

독립 당시 미국의 정식 국명은 '미합중국'이었는데, 이름대로 평화로운 연합체였고 중앙 정부가 없었다. 각주에서 선출된 대표에 의해 협의 기관을 통해 운영되었다.

그러나 독립하고 4년 후인 1787년에 〈합중국 헌법〉으로 대통령이 통솔하는 정부가 행정권을 집행하게 되었고, 상원과 하원이 입법권, 사법권은 최고 재판소가 행사하는 삼권 분립으로 견제하는 구조가 만들어진다.

초대 대통령에는 독립 전쟁의 위대한 지도자 워싱턴이 만장일치로 선출되면서 유럽 사회에는 근대 세계를 상징하는 신흥 국가의 리더로 여겨진다. 그리고 곧바로 유럽의 일원이 된다.

미국 사람은 왜 커피를 좋아할까? 북아메리카의 영국 식민자들은 영국 시절의 습관으로 홍차를 애용했다. 그러나 커피 수입 경쟁에서 네덜란드와 프랑스에 진 영국 회사가 홍차 거래를 독점하고 가격을 올려 중세를 부과했다. 분노한 시민자들은 영국 배를 습격해 홍차가 들어 있는 통을 바다에 던져버렸다. 이후 식민지는 커피당(黨)으로 전향했다고 한다.

54 부르봉 왕조를 매장한 민중의 혁명 사상

개혁 분위기에 모순된 구제도 '제3 신분'의 폭발할 듯한 불만

미국의 독립 전쟁에 이어 프랑스에서도 세계사에서 특필할 만한 중대 사건이 발발한다.

1789년에 루이 16세가 곤궁에 처한 국가 재정을 타개하기 위해 특권 신분층에 대한 새로운 과세를 이용해 고비를 넘기려 하자, 귀족들 사이에서 1614년 이후 소집되지 않던 '삼부회 소집'을 요구하는 목소리가 높아지기 시작했다.

제1 신분 성직자와 제2 신분 귀족이 각각 300명, 제3 신분 시민 대표 600명이 베르사유에 모였지만, 평결 방법을 둘러싸고 분규가 일어났다. 제3 신분이 "진정으로 국민을 대표하는 자이다"라고 선언하고 자신들을 '국민 의회'라 부르며 "헌법을 제정할 때까지 해산하지 않겠다"라고 맹세한다(테니스코트의 서약).

이를 루이 16세가 무력으로 해산하려고 하자, 파리 시민이 결기하고 시민군을 편성하여 저항하면서 압제의 상징으로 여겨지던 바스티유 감옥을 습격하고 점령했다. 이러한 힘을 등에 업고 국민 의회는 '봉건 신분제 폐지'와 '인권 선언'을 채택한다.

곧바로 착수한 것이 전국 행정 구획의 정리이다. 교회 재산의 몰수, 길드(상인 조합)의 폐지와 경제 활동의 자유, 도량형의 통일이었다. 봉건적 영토 분할을 대신한 근대 국가로 다시 태어나기 위한 절차였다고 할 수 있다.

그런데 격렬한 기세로 혁명이 진행되고 급진파가 전면에 나서 1792년 12월 공화제 이행을 선언하자마자 루이 16세가 처형당하고 왕비 마리 앙투아네트도 처형된다.

로베스피에르를 비롯한 자코뱅당이 독재권을 장악해 정적을 차례차례 단두대로 보낸 것이다. 그 결과, 자신도 단두대에서 목숨을 잃는다.

혁명의 진행과 삼부회

5월 5일 루이 16세가 결정한 부당한 과세를 심의하기 위해 175년 만에 삼부회가 소집된다.

6월 17일 삼부회의 제3 신분의 대표가 삼부회에서 분리 독립과 국민 의회의 결성을 선언한다.

↓

19일에 제1 신분회도 합류

6월 20일 승인되지 않은 국민 의회의 회원이 헌법이 제정될 때까지는 해산하지 않는다고 테니스장에서 서약한다.

7월 14일 시민이 정치범이 수감된 바스티유 감옥을 습격한다.

8월 26일 6월 27일에 승인된 국민 의회가 인권 선언을 채택

삼부회의 구성

국왕

제1 신분 (성직자) — 약 0.5%

제2 신분 (귀족) — 약 1.5%

제3 신분 (농민 외 일반 시민) — 약 98%

루이 16세

※ 특권 신분은 과세 면제, 관직 독점, 영지에 거주하는 백성의 지배 등 왕권에 기생해서 착취했다.

Column

지금도 남아 있다, 프랑스 혁명의 기념물

프랑스혁명이 후세에 남긴 영향은 매우 크다. 프랑스 국가 〈라 마르세예즈〉의 원곡이 공공연하게 "국민이여, 무기를 들라"라고 외치며 파리를 향해 진군한 마르세유 의용군의 군가였다는 것은 그 이유를 듣고 나면 이해할 수 있다.

그건 그렇고, 세계 공통의 기준이 되는 도량형 '미터법'은 프랑스 혁명의 산물이라는 점을 강조해 두고 싶다. 이는 사람의 힘을 넘어선 객관적 진리, 우주와 자연의 대법칙에 따라 결정된 대자연 법칙의 표준화된 산물이다.

미터(길이), 그램(무게), 초(시간)와 같은 십진법 단위는 나중에 국제 조약의 장에서 승인되어 국제 기준이 된다.

55 혁명군을 이끄는 새로운 시대의 영웅, 나폴레옹

혁명이 공포 정치로 변했을 때 '영웅'의 탄생을 기대한다.

로베스피에르로 대표되는 급진파 자코뱅당이 독재권을 확립해 '반혁명 용의자의 숙청'이라 칭하는 공포 정치를 시작하면서 정권 내부의 '정적(政敵)'을 찾아 나서게 된다. 그리고 에베르, 당통 등을 숙청하자, 로베스피에르 자신도 시민의 반감을 사서 처형당한다.

이후 프랑스 혁명은 입법부와 행정부를 수립하지만, 아무것도 결정되지 못한다. 마치 키잡이를 잃은 배와 같았다. 이때 늠름하게 등장한 것이 포병대 출신의 젊은 장교, 나폴레옹 보나파르트였다. 혁명군 사관으로 총재 정부에 기용되자마자 연전연승, 파죽지세의 진격을 이어나간다.

1796년 이탈리아 파견군 사령관으로 참전해 수적으로 우세한 오스트리아=사르데냐 동맹군을 격파하고 1798년에는 영국과 인도 연락선 차단을 목적으로 이집트로 원정을 나서지만, 영국이 프랑스에 대항하여 맺은 동맹 결성을 보자마자 바로 퇴각하였다. 귀국해서 브뤼메르 18일, 총재 정부를 무너뜨리고 통령정부(3명의 통령 및 입법원)를 수립한다.

나폴레옹의 빠른 결단과 실행에 프랑스 국민은 절대적으로 신뢰했다. 그리고 오스트리아, 로마 교황과 화해하고 생활 질서를 결정하는 〈나폴레옹 법전〉을 제정하면서 한숨 돌릴 수 있었다. 그런 공기를 읽은 나폴레옹은 황제로 취임한다.

밖에서는 넬슨 제독이 이끄는 영국 해군한테 패전하지만, 아우스터리츠 전투에서는 오스트리아와 러시아 연합군을 무찌르고 서남 독일 제국까지 연합해 라인 동맹을 결성하면서 신성 로마 제국은 소멸했다. 그리고 프로이센 독일을 이기고 광대한 영토와 배상금을 획득한다.

1765년	코르시카섬에서 출생
1793년	툴롱 해전에서 훈공을 세운다.
1795년	왕당파의 반란을 진압
1797년	제1회 대프랑스 동맹 결성
1798년	이집트 원정 개시
1799년	제2회 대프랑스 동맹 결성 브뤼메르 18일의 쿠데타를 성공시키고 통령정부를 세운다(제1통령으로).
1802년	국민투표로 종신통령이 된다.
1804년	나폴레옹 법전 제정하고, 국민투표로 황제가 된다.
1805년	제3회 대프랑스 동맹 결성
1812년	러시아 원정 개시
1813년	제4회 대프랑스 동맹 결성
1814년	황제 퇴위
1815년	워털루 전투에서 패배
1821년	세인트헬레나섬에서 서거

제6장

근대 국가의 탄생

Column

원정의 부산물, **로제타석**

나폴레옹의 이집트 원정 알렉산드리아 근교의 작은 마을에서 보루 축조 작업을 하던 중 이상한 돌판이 땅속에서 발굴되었다. 그것은 나중에 프톨레마이오스 왕조(기원전 2세기)의 유물이라는 것이 밝혀졌다.

상하 3단으로 나뉘어 있고 각각 다른 문자가 새겨져 있다. 나중에 샹폴리옹에 의해 해독되었는데, 상단은 신성 문자(히에로글리프), 중간단은 민생 문자(디모틱) 그리고 하단은 그리스 문자였다.

이 돌판은 현재 영국의 대영 박물관에 보관되어 있는데, 프랑스군이 영국군한테 항복하면서 전리품으로 몰수되었기 때문이다.

내 사전에 불가능이란 없다?! 나폴레옹이 정말 이렇게 말했는지 아무리 찾아봐도 출전이 불명하다. 상상해 볼 수 있는 것은 'Impossible n'est pas fracais'이라는 문구인데, '불가능'이라는 단어는 프랑스어에서 '프랑스적이지 않다'라는 의미일까?

56 '회의는 춤춘다. 그러나 진전은 없다' 나폴레옹 이후의 전후 처리

메테르니히가 주도하는 포스트 나폴레옹의 전후 처리

나폴레옹이 구식 유럽을 프랑스 혁명의 타오르는 불길로 완전히 연소한 후 정비 작업을 통해 새로운 질서를 세우는 일은 어려웠다. 나폴레옹이 불을 붙인 자유주의, 국민주의의 타다 남은 재가 여기저기서 연기를 내고 있었기 때문이다.

그러나 1814년에 유럽을 재건하기 위해 빈 회의가 개최된다. 의장은 오스트리아 재상 메테르니히가 맡고 토론은 프랑스 재상 탈레랑이 제창하는 정통주의(혁명 전의 국가 통치 형태와 국경으로 회복한다)와 각국의 세력 균형 주의를 기본 의제로 진행했다.

참가 각국의 이해관계가 복잡하게 얽힌 데다가, 나폴레옹의 부활(백일 천하) 등도 있어서 쉽게 합의가 이루어지지 않은 채 시간만 흐르고 있었다. 이 상태를 두고 왈츠의 본고장인 오스트리아와 관련지어 '회의는 춤춘다, 그러나 진전은 없다'라는 표현으로 조소당한 것은 유명한 이야기이다.

아무튼 프로이센은 부활해서 영토가 확장되었고, 영국은 구네덜란드의 스리랑카와 케이프 식민지를 획득했으며, 네덜란드는 구오스트리아령 네덜란드(벨기에)를 합병하고, 오스트리아는 북이탈리아를 획득했다.

이밖에 주목해야 할 점은 스위스가 영세 중립국으로 승인되었고, 독립 국가의 연합체로 오스트리아, 프로이센을 비롯한 복수의 군주국과 자유 도시 국가로 이루어진 독일 연방이 출현했다는 것이다. 이로 인해 현대 유럽 사회의 대부분이 완성되었다고 봐도 좋다.

그렇지만 국가와 지역들 각자의 지역적 특성을 무리하게 복원하고 질서 재건을 최우선 과제로 삼은 탓에 불씨는 남았다.

빈 회의란?

개최 목적

프랑스 황제 나폴레옹이 일으킨, 유럽 전 지역에 걸친 전쟁 처리를 목적으로 오스트리아 재상 메테르니히가 주재

참가국과 진행

오스트리아, 프랑스, 영국, 러시아, 프로이센 등이 참가(오스만 튀르크는 불참). 각국의 이해관계가 대립해 좀처럼 진전이 없다가 결국 빈 의정서에 조인

결정 사항

 정통주의의 채용

유럽 사회를 프랑스 혁명 이전의 절대주의 체제로 회복함.

고생은 했지만, 혁명 전의 질서로 회복합시다.

반동적으로 대국 주도의 국제 질서 유지 체제

⬇

오스트리아	남네덜란드를 네덜란드에 양보하는 대신, 북이탈리아에 영토 확장
프랑스	영토 복구와 부르봉 왕조 부활
영국	네덜란드령 스리랑카섬과 케이프 식민지의 영유권 획득
	등등

메테르니히

Column

100개국 이상이 참가?! **소란스러운 회의**

빈 회의에는 주최국 오스트리아 외에 프랑스, 영국, 러시아, 프로이센 등이 참가(오스만 튀르크 불참)했다고 한다. 이래서는 의견이 수렴될 수 없다.

하지만 많은 나라가 하나의 의정서에 조인했기 때문에 대부분의 주요국이 새로운 질서 형성에 합의한 것이나 다름없다. 서로 쟁탈 작전을 전개해 각자의 실태에 맞추는 형태로 질서를 잡았기 때문에 대부분이 합의했던 것이다.

'회의는 춤춘다, 그러나 진전은 없다'라고 비난받았지만, 아주 사사로운 부분까지 고려한 전후 처리가 실행된 것이다. 국제회의의 존재 방식으로는 완벽했다고 평가할 만하다.

메테르니히의 인간상 나폴레옹을 끝까지 증오하여 역사에서 매장해 버린 메테르니히는 어떤 사람이었을까? 나폴레옹이 러시아 원정에 실패하자 프랑스에 대항하는 동맹을 결성, 추락시키는 데 성공한다. 자유주의, 국민주의를 싫어하고 혁명 전의 정통 왕정과 구제도의 부활을 이상으로 삼았다. 하지만 시대의 흐름을 따르지 못해 실각한다. 영국으로 망명해 생을 마감한다.

57 구미 열강의 빠르고 가혹한 식민지 지배

무력 지배와 기독교를 무기로 상품 작물 재배를 강제하다

19세기가 되자, 구미 제국은 빠른 속도로 식민지 획득을 위한 경쟁을 시작한다.

먼저 인도네시아의 자와섬 대부분이 네덜란드 연방 공화국의 영지가 되고 직접 지배하에서 커피, 사탕수수 등의 상품 작물 재배가 강제되었다.

한편, 필리핀은 스페인 통치하에 놓이고 섬의 각 지역에는 스페인인이 지명한 리더가 배치되어 그 지배하에서 사탕수수, 마닐라삼, 담배와 같은 상품 작물 재배가 강제되었다. 그리고 상인과 고리대금이 토지에 집중되고 집적되면서 플랜테이션(대규모 농장) 경영이 일반화되었다.

베트남은 프랑스에서 소집한 의용병과 사병으로 성립한 응우옌 왕조의 통치하에 있었는데, 점차 프랑스의 군사 개입으로 남부를 비롯해 중부, 북부도 직접 지배하에 놓인다. 그리고 19세기 후반에는 인접한 캄보디아도 병합되어 프랑스령 인도차이나가 형성된다.

이런 상황 속에서 인도를 거점으로 동남아시아를 거쳐 청 왕조의 중국으로 무역 확대를 노리는 영국이 있었다. 말레이반도의 페낭섬이나 믈라카, 싱가포르와 같은 항구 도시를 영유해서 해협 식민지로 삼았는데, 결국 북보르네오를 영유해 말레이반도 전체를 식민지로 만들어 말라야 연방으로 구성했다.

이밖에 꼰바웅 왕조(얼라웅퍼야 왕조)가 통치하는 버마(현재의 미얀마)가 있었는데, 시대의 흐름을 이해하지 못하고 인도 침공을 반복하다가 영국에 의해 인도 제국의 식민지로 전락한다. 마지막으로 주목할 곳은 태국이다. 태국은 역사적·문화적·외교적·지정학적 요인이 복합적으로 작용하여 식민지화를 피해 쭉 독립을 유지했다.

열강 3국 동남아시아의 식민지화

네덜란드

- **1623년** 암보이나 사건으로 영국을 쫓아버림.
- **1755년** 자와섬 대부분을 지배
- **1795년** 바타비아 공화국 성립
- **1873년** 수마트라섬 영유
- **1904년** 네덜란드령 동인도 성립

프랑스

- **1802년** 응우옌 왕조 베트남국(월남국) 성립
- **1863년** 캄보디아 보호국화
- **1883년** 베트남 보호국화
- **1887년** 인도차이나 연방 성립
- **1893년** 라오스 보호국화

영국

- **1819년** 싱가포르 매수
- **1826년** 싱가포르 · 믈라카 · 페낭을 식민지화
- **1877년** 인도 제국 성립
- **1895년** 영국령 말라야 연방 성립

미얀마 (버마)

청나라

대만

태국

프랑스령 인도차이나 연방

루손섬

필리핀

동중국해

태평양

수마트라섬

말레이 연방

보르네오섬

네덜란드령 동인도

암보이나

자와섬

티모르

- 영국령
- 프랑스령
- 네덜란드령
- 포르투갈령
- 스페인령
- 일본령

제7장

제국주의와 식민지 경영

Column

아시아를 파탄시킨 플랜테이션 경영

플랜테이션은 구미 제국의 식민지 경영의 형태로, 광대한 농지에 대량의 자본을 투하해 국제적인 거래 가치가 높은 단일 작물을 대량으로 재배하는 경영 형태이다.

현지인은 생활을 위한 농업이 파괴되었고 극빈한 생활에 처할 수밖에 없었다. 사실상 노예 노동이라 해도 과언이 아닌 상황이었다는 것은 의심할 여지가 없다.

58 문명의 낙차를 모르는 청 왕조의 무지를 파고드는 영국

움직이지 못하는 정크선을 차례대로 격침하는 영국의 증기선

영국은 18세기 말에 중국차를 사서 본국으로 보내고, 영국 본국의 면제품을 인도로 운반하고 인도산 아편을 중국으로 보내는 '삼각 무역'을 전개하면서 막대한 이익을 얻고 있었다. 그리고 더 큰 확장을 원했다.

그런데 청 왕조는 거래 행위를 '공행(公行)'이라는 상인 조합에 독점권을 부여하고 교역 지점을 광저우로 한정했기 때문에 영국의 수출은 늘어나지 않고 수입만 증가했다. 영국의 불만은 커지고 더욱 아편 밀 무역에 힘을 쏟게 된다.

그 결과, 영국의 수지 구조는 대폭으로 개선되지만, 중국인의 아편 흡인자가 급증해 청 왕조는 관리를 광저우로 파견해 아편을 몰수하고 폐기 처분한다. 그리고 영국의 일반 무역도 금지해 버린다.

그런데 영국 동인도 회사는 '기회의 도래'라고 생각했는지, 1840년에 무력(아편 전쟁)으로 호소하며 자유 무역을 주장하고 밀 무역을 계속 이어갔다. 아편 애호가들이 폐인이 되거나 말거나 영국의 이익만 늘어나면 된다고 생각했기 때문이다.

더욱이 2년 후에 체결된 '난징 조약'에서는 ① 홍콩 할양, ② 상하이·광저우·푸저우·샤먼·닝보 5개의 항구 개항, ③ 공행이 폐지가 된다. 더욱이 불평등 조항을 포함한 추가 조약이 체결되었다. 영국은 그래도 만족하지 못했다.

다음 방책을 검토하던 중 1856년 애로호의 영국인 승선원이 청나라 관리에게 체포되는 사건이 일어난다. 영국은 프랑스와 연합해 청나라 군인을 격퇴하는데, 이에 대한 반격이 시작되면서 전쟁이 재개된다. 영국·프랑스 연합군은 베이징을 점령하고 더 많은 서구 열강의 진출을 초래한다.

중국이 맺은 불평등 조약

난징 조약
1842년

원인
1840~1842년의 아편 전쟁의 결과

체결 대상
영국

- 영국에 홍콩을 할양한다.
- 광저우, 상하이, 닝보, 푸저우, 샤먼의 5개 항구를 개항한다.
- 공행을 폐지한다.
- 몰수한 아편의 배상금 600만 냥, 전쟁 배상금 1,200만 냥을 지불한다.

청나라 · 도광제

톈진 조약
1858년

원인
1856년 애로호 사건을 계기로 시작된 전쟁의 결과

체결 대상
영국·프랑스·러시아·미국

- 난징·한커우 등 10개 항구 개항한다.
- 아편 무역을 공인한다.
- 외교 사절의 베이징 상주권을 승인한다.
- 기독교를 공인하고 보호한다.
- 외국인의 내지 여행 자유를 승인한다.
- 배상금 600만 냥을 지불한다.

베이징 조약
1860년

원인
톈진 조약 비준 시에 맺은 제지 행동의 결과

체결 대상
영국·프랑스·러시아

+
톈진 조약을 수정해서

- 영국에 주룽(현재의 홍콩 중심부) 남부를 할양한다.
- 톈진을 개항한다.
- 러시아에 볼쇼이우수리스키섬을 할양한다.
- 톈진 조약의 배상금을 증액해 800만 냥을 지불한다.

제국주의와 식민지 경영

Column

청나라의 우쭐함과 시대착오

아편 전쟁 후 청나라 정부는 영국과 프랑스와 같은 구미 제국에 대해 연안 교역과 내륙 항로, 해관 행정(海関行政), 영사 재판, 조계지 개설을 쉽게 인정해 버린다.

보통 이러한 특권은 상대국에 내 주지 않는 법인데, 청나라 정부는 "야만적인 외국인 일은 그들에게 맡긴다", "해관 행정은 그들에게 맡기는 편이 눈속임이 없다"라고 말한다. 이게 도대체 무슨 말인가?

고대 이후 중화사상, 외국인 멸시의 전통이 사고 회로를 망쳤다고밖에는 할 말이 없다. 국민 생활에 어떤 영향을 미칠지는 전혀 안중에 없던 것이다. 그런 점에서 현대 중국 공산당 정부와 똑같다고 말하면 과장일까?

신사의 나라가 행한 기가 막히는 불선(不善) 행위 구영국의 아편 전쟁은 인도적으로 용서할 수 없는 일이다. 시진핑과 중국 공산당이 득의양양해서 정의의 편인 척하는 태도도 어쩔 수 없는 면이 있다. 중국인이 폐인이 되어도 영국이 돈만 벌면 된다는 발상이 아편 무역이었다.

59 영국의 인도 파괴·식민지 지배를 거부하는 용병대의 반란

용병대의 반란으로 구왕후·구지주·농민들의 총반란이 시작되다

인도는 영국에 면직물을 수출했지만, 산업혁명 이후에는 입장이 역전되었다. 영국 면 공업은 쇠퇴하고 사회 구조에 대혼란을 불러왔다.

이와 더불어 영어 교육, 영국식 사법·경찰 제도, 근대적 토지 제도(토지세)가 일방적으로 도입되었기 때문에 구제도하에서 권력을 휘두르며 재산을 유지해온 지배층은 물론, 계층과 상관없이 농민과 도시 생활자가 영국에 반감을 가지게 되었다.

이때 '세포이'라고 불리는 인도 용병대가 반란을 일으킨다. 그들은 상층 카스트에 속하는 힌두교도로, 상류 계급의 무슬림(이슬람교)으로 편성된 동인도 회사의 용병대이면서 반란을 결기했다.

이유는 새롭게 사용된 소총의 총알에 힌두교도가 신성시하는 소기름과 무슬림이 부정하다고 여기는 돼지기름을 사용했기 때문이었다. 소문은 사실이 아니라고 밝혀졌지만, 아무도 믿지 못하고 메루트에 주둔하던 용병대가 반란을 일으키고 델리에 주둔하던 부대와 합류하면서 불이 붙었다.

순식간에 구왕후·구지주·농민·도시 주민으로 퍼지면서 무굴 제국의 바하두르 샤 2세를 최고 지도자로 치켜세운다. 반란의 불꽃은 북인도를 중심으로 인도 전체의 3분의 2까지 번지지만, 하나로 통합되지 못한 채 절정에 달했을 때 지도자의 부재가 밝혀지면서 분산된다.

결국, 서서히 형세를 만회한 영국이 승리하는데, 영국도 동인도 회사의 인도 경영은 무리라고 판단하였다. 영국 여왕 빅토리아가 인도 황제를 겸임하게 된다.

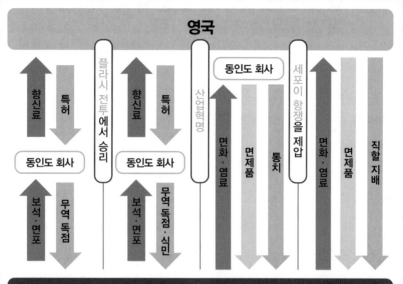

영국 인도 지배의 변화

영국

향신료 ／ 특허 → 동인도 회사

플라시 전투에서 승리

향신료 ／ 특허 → 동인도 회사

산업혁명

동인도 회사

세포이 항쟁을 제압

보석·면포 ／ 무역 독점

보석·면포 ／ 무역 독점·식민

면화·염료 ／ 면제품 ／ 통치

면화·염료 ／ 면제품 ／ 직할 지배

인도

영국은 동인도 회사에 무역 독점의 특허를 부여해 무력 거점을 건설한다.

영국은 동인도 회사에 무역 독점권과 식민권의 특허를 부여해 침략을 강화한다.

산업혁명으로 자유 무역이 발전했기 때문에 동인도 회사의 무역 독점권이 폐지된다.

동인도 회사의 해산, 인도 제국의 성립으로 영국 본국이 직할로 지배한다.

Column

세포이 항쟁 – **잔혹한 처사**

'바실리 베레샤긴'이라는 화가가 그린 그림이 있다. 영국군이 본보기로 반란군 병사를 대포의 부리에 묶은 채 목재로 만든 탄환을 발사하는 장면이다.

상상하는 대로 목재 탄환이 발사된 병사의 몸은 산산조각이 난다. 이런 일을 본보기로 행하면서 반란군과 민중의 투쟁심과 사기가 좌절될 것을 노린 것은 두말할 필요도 없다.

그런데 또 하나의 의미가 있었다.

종교적으로 이슬람교도, 힌두교도의 신성한 순교자로서 맞이하는 죽음을 모독해서 방해하려는 의도도 있었다고 한다. 잔혹한 마무리였다.

세포이 용병을 처형하는 영국 군인의 그림　1876년부터 이듬해에 걸쳐 영국령 인도를 방문하면서 계속 세포이 항쟁을 그린 화가 바실리 베레샤긴은 대포의 부리에 세포이 반란 용병을 묶은 그림을 그린다. 사진이 보급되지 않은 시대의 사실적인 그림이라서 상황을 파악할 수 있다.

60 지상 명령, 단호한 철혈 정책에 의한 독일 통일

프로이센의 융커들과 철혈 수상이 그린 입헌 군주제

1848년에 프랑스 2월 혁명의 영향을 받아 소집된 프랑크푸르트 국민 의회가 실패로 끝나고 평화적인 독일 통일의 꿈은 사라져 버렸다. 역사의 수레바퀴는 1861년에 즉위한 프로이센 왕 빌헬름 1세가 이듬해 융커(지주 귀족) 출신의 비스마르크를 수장으로 임명했을 때 움직이기 시작한다.

비스마르크는 의회의 반대를 무릅쓰고 군비 확장에 착수하였다. 1864년 오스트리아와 연합하고 덴마크와 대전해 슐레스비히와 홀스타인 공국을 획득한다. 그런데 그 관리를 둘러싸고 오스트리아와 싸우는 지경에 이르는데, 결국 승리해서 이번에는 독일 연방을 해체하고 오스트리아를 배제한 후 북독일 연방을 조직한다.

그러자 독일 통일의 급속한 진전에 위협을 느꼈는지, 나폴레옹 3세가 프랑스에 인접한 서남 독일을 간섭하기 시작하자 비스마르크가 응전한다. 1870년에 전쟁이 시작되고 눈 깜짝할 사이에 스당 전투에서 나폴레옹 3세를 항복시킨다. 이 전투에서 독일은 서남 독일을 지킨 것만이 아니다. 철광석 자원의 보고인 알자스와 로렌 지역을 빼앗고 배상금 50억 프랑을 획득했을 뿐만 아니라 적국인 프랑스의 수도 파리로 입성한다. 베르사유 궁전에서 빌헬름 1세의 독일 황제 취임식을 거행하고 득의양양하게 독일 제국의 성립을 선언한 것이다.

두말할 필요도 없지만, 비스마르크도 그날 이후 20년 동안 독일 제국 재상으로서 매서운 수완을 발휘한다. 대체로 이 시대를 일컬어 '비스마르크 시대'라고 하는데, 표면상으로는 입헌 군주 국가였고 군주 정치 체제를 흉내 내고 있었지만, 비스마르크의 독재 정치 체제였다고 할 수 있다.

독일 건국의 아버지라 해도 좋다.

독일 제국의 성립 과정

나폴레옹 보나파르트의 괴뢰 국가, 라인 동맹

1815년	빈 회의의 결과로 35개 군주국과 4개의 자유시로 구성된 독일 연방이 성립한다.
1834년	프로이센 중심의 경제 연합으로 독일 관세 동맹이 맺어진다.
1848년	베를린 혁명이 일어나지만, 진압된다.
1861년	프로이센 왕 빌헬름 1세가 즉위하고, 이듬해 비스마르크가 수상이 된다.
1867년	프로이센 중심의 국가 연합으로 북독일 연방이 성립
1871년	독일 제국이 성립 빌헬름 1세는 황제, 비스마르크는 재상이 되고 비스마르크 시대가 출현한다.

사람들이 전부 모인 베르사유 궁전에서 황제 즉위식을 거행하겠다.

빌헬름 1세

비스마르크

Column

마르크스도 놀란 **파리 코뮌**

나폴레옹 3세 퇴위 후 파리에 성립한 국민 방어 정부는 침입한 독일 연합군에 항전하지만, 1871년 1월에 병력을 소진해 어쩔 수 없이 항복한다. 그리고 공화파 아돌프 티에르를 수반으로 임시 정부가 성립하고 독일과 임시 공화 조약을 체결한다.

그러나 수긍할 수 없는 파리 시민은 시내에 바리케이드를 치고 해방구로 정해 '혁명적 자치 정치 (파리 코뮌)'를 수립한다. 결국, 이중 권력 상태가 된다.

이것을 듣고 놀라며 미칠 듯이 기뻐한 사람이 칼 마르크스이다. 그는 "첫 노동자 독재 권력이다" 라고 말했다. 이후 그 실현을 위해 싸우는 혁명가를 '공산주의자'라고 부르게 된다.

'어리석은 자는 경험에서 배우고, 현명한 자는 역사에서 배운다' 프로이센의 융커 출신의 철혈 재상인 비스마르크가 말한 명언이다. 유래를 거슬러 올라가면 이와 비슷한 표현을 만날 수 있다. 소위 '어리석은 자는 자신의 경험에서 배운 다고 한다. 나는 오히려 타인의 경험에서 배우기를 좋아한다.' 아무래도 이 문장을 변형해서 세련되게 표현한 것이 아 닐까?

61 흑인 노예를 둘러싼 남북 아메리카의 2가지 가치관과 차이점

인민을 위한 정치에 숨어 있는 모순과 발전의 원동력

독립 전쟁 이후 연방 정부는 서부 개척을 장려하고 동부의 식민지 개척 시대를 탐탁하지 않게 생각하는 사람들을 서부의 개척지로 보낸다. 식민지 개척 시대의 전통과 규칙에 구속되지 않는 서부는 자유의 땅으로 꿈과 희망을 품을 수 있었기 때문이다.

물론 여기에는 모순이 있었는데, 그것은 바로 네이티브·아메리칸(소위 인디언)의 대응이었다. 연방 정부가 주도하는 백인에 의한 무력 토벌을 일삼거나 사기라 할 만한 거래로 선조부터 내려오는 그들의 토지를 강탈해 개척을 추진한 것이다.

그렇게 서부 개척이 태평양 연안에 도달했을 때 이번에는 새로운 문제가 표면화되었다.

산업혁명이 진행되어 자본주의가 침투된 미국 북부는 영국에 대항할 필요성이 있었기 때문에 강력한 연방 정부와 보호 무역이 필요했던 것이다. 그리고 흑인 노예 제도에는 인도적인 입장에서 반대했다. 한편, 남부는 흑인 노예가 필요한 대농장이 중심인 농업 사회이다 보니, 노예 제도의 존속과 주(州)의 독자적인 자치권 보호, 자유 무역을 요구했다.

남북 쌍방의 대립점에는 타협의 여지가 없었다.

1860년에 북부의 이익을 대표하는 링컨이 대통령으로 당선되자, 이듬해인 1861년 남부의 주들이 연방 국가에서 탈퇴하고 '아메리카 연합국'을 결성한다. 결국, 하나의 연방 국가가 2개로 분리되어 싸우는데, 결과는 새삼 말할 필요도 없이 북군이 승리하고, 아메리카 합중국이 재건과 재통일을 이룬 것은 잘 알려진 대로이다. 이때 링컨이 게티즈버그에서 열린 희생자를 추모하는 추도 연설에서 한 "인민의 인민에 의한 인민을 위한 정치"라는 말은 유명하다.

미국 노예 해방의 움직임

노예 취급당하는 모든 자는 영원히 자유의 몸이다.

링컨

아메리카 합중국

미주리주

남북 전쟁

아메리카 연합국

1808년 노예무역이 금지되다.	**1854년** 미주리 협정이 폐기되다.
1820년 미주리주를 노예주로 만들다. 미주리 협정이 성립하다.	**1861년** 아메리카 연합국이 건국되다. 남북 전쟁이 시작되다.
1833년 미국 노예제 반대 협의가 설립되다.	**1867년** 노예 해방이 선언되다.
1850년 도망 노예 단속법이 제정되다.	**1865 ~ 1870년** 흑인의 권리가 인정되기 시작, 최종적으로 1870년 흑인 최초의 상원 의원이 탄생한다.

Column

영토 확장은 하늘의 뜻이었다?!

동부 13주에서 발족한 아메리카 합중국은 1803년에 미시시피강 유역의 루이지애나를 프랑스로부터 매수한 것을 시작으로 영토 확장에 나서기 시작한다.

1819년에 스페인으로부터 플로리다, 1845년에는 텍사스, 1846년에는 오리건을 합병하였다. 그리고 1848년에는 멕시코와 싸워 캘리포니아를 획득하면서 드디어 서부의 태평양 연안까지 영토를 확장한다.

그때 그들은 '명백한 하늘의 뜻'이라는 슬로건을 외친다. 소위 'Manifest Destiny'이다.

영토의 확대와 개척은 신이 미국인(백인)에게 부여한 명백한 하늘의 뜻이라고! 따라서 모든 것이 용서된다고! 정말 그럴까?

의외로 알려지지 않은 '남북 전쟁'의 기록 남북 전쟁은 단연코 북군이 유리했다. 23개 주의 인구 2,200만 명의 북부에 비해 남부는 11주 900만 명(노예 포함)이었다. 더욱이 북부는 공업력도 앞서 있었다. 무기·탄약·의류 등의 물건이 있고, 철도망이 있었다. 반면 남부는 방위 전쟁으로 지리를 숙지하고 있었고 유능한 군인을 갖추고 있었다. 하지만 결국, 북군은 물량 작전으로 이겼다고 할 수 있다.

62 외압에 일본이 선택한 '메이지유신'이라는 길

존왕양이에서 유신과 개국에 이르는 막부 내외의 유신 지사의 결단

서구 열강에 의한 식민지 지배의 광풍은 도쿠가와 막부가 통치하는 동아시아의 작은 나라인 일본에도 불어왔다. 미국의 동인도 함대 사령관 페리 제독의 내항은 3대 쇼군 이에미쓰(家光) 이후, 오랜 시간 쇄국정책을 취해 왔던 도쿠가와 막부의 존립을 근본부터 흔들었다.

그러나 1854년에 막부가 주변의 반대를 무릅쓰고 '미일 화친 조약'을 맺고 1858년에는 '미일 수호 통상 조약'을 체결하면서 개국을 단행하자, 국내 여론이 들끓었다. 우여곡절을 반복한 끝에 '존왕양이(尊王攘夷, 왕을 숭상하고 오랑캐를 물리치자)'에서 '도막개국(倒幕開国, 막부를 타도하고 개국하자)'으로 슬로건이 바뀌고 1867년에 신정부가 수립된다. 신정부는 매우 빠른 속도로 근대 국가 건설에 착수하는데, 세계사 어디에서도 보지 못한 형태로 개혁 작업을 개시했다는 점이 주목을 받는다. 15대 쇼군 도쿠가와 요시노부(徳川慶喜)가 '대정봉환(大政奉還)'한 것을 따라 다이묘 제후와 무사단이 스스로 특권 신분과 대우를 포기하고 영주와 영민을 천황에게 반환했다. 구시대의 지배자가 신시대를 실현하는 신정부에 대해 스스로 '판적봉환(版籍奉還, 세습적 권리를 정부에 반환)', '폐번치현(廃藩置県, 번들을 통폐합하고 현을 설치한 후 중앙 정부가 직접 임명한 지사를 파견)'을 실행해서 새로운 국가 건설에 공헌한다는 것은 동서고금의 역사상 유례가 없는 일이었다. 메이지의 개혁을 '메이지유신'이라 부르고 구미 제국처럼 혁명이라 하지 않는 것은 바로 이런 이유에서이다.

반복하지만, 메이지유신은 혁명이 아니다. 소규모의 반란이 있었고 무력 분쟁을 수반했지만, 쇼군을 비롯한 다이묘, 무사에 이르기까지 진지한 협력이 있었기 때문에 메이지 신정부는 근대 국가의 건설에 매진할 수 있던 것이다.

막부 말기의 중대 사건 연표

1853년	페리가 우라가에 내항, 이듬해 다시 내항	**1864년**	사쓰에이(薩英) 전쟁
1854년	미일 화친 조약 **체결** 러일 화친 조약 **체결**	**1866년**	개세약서(改稅約書) **체결**
1858년	미일 수호 통상 조약 **체결**	**1867년**	효고항(현재의 고베항) 개항 도쿠가와 요시노부, 대정봉환과 왕정복고의 대호령
1863년	4개국 함대(영국·프랑스·미국·네덜란드) 시모노세키 포격		

Column

일본이 식민지화를 피할 수 있던 이유

메이지 사람들은 현명했다.

상상을 초월하는 고액의 급여를 지불하여 외국인을 초빙해 그 지도를 받으면서 철도를 부설하고 광산을 채굴하였다. 대학을 설립하고 포병 공장과 조선소를 만들었으며 우편 전신 사업과 해운 사업을 시작하고 제사(製絲) 공업을 가동했다.

이러한 기반 사업을 정비한 후 징병제로 상비군을 편성했다. 토족(구 무사단)과 평민의 구별 없이 만 20세가 된 남성을 징병해 근대 국가 독립의 기초를 다진 것이다. 이는 우연이 아니다.

식민지 지배로 신음하는 인도나 청나라를 곁눈질하면서 매진한 식산흥업, 부국강병이었기 때문에 더욱 잠시도 쉴 수 없었다. 그게 가능했기 때문에 독립을 지킨 것이라고 할 수 있다.

조정(천황 중심)과 막부(쇼군 중심) 모두 외국에 기대지 않았다 막부의 가쓰 가이슈(勝海舟)와 오쿠보 이치오(大久保一翁)는 "막부 존속의 길은 사죄와 공손 외에는 없다"라고 도쿠가와 이에야스를 설득하였다. "프랑스의 원조를 받아 삿초(薩長, 막부 종결을 위해 동맹을 맺은 사쓰마번과 조슈번)와 싸우면 영국이 삿초를 지원할 것이다. 내란에 외국을 개입시키면 일본은 파멸"에 대해 사쓰마번의 사이고 다카모리(西鄕隆盛)도 "자국의 일은 자국민이 최선을 다해야 하는 법, 외국에 부탁할 정도로 낯가죽이 두껍지는 않다"라고 단호하게 말했다.

63 동아시아에서 표류하는 고대 중국의 망령과 제정 러시아의 야망

인접국 조선의 안정 없이 일본의 안정은 없다는 국방 논의에서 불이 붙었다

메이지유신으로 신정부가 수립하자마자 일본은 국제 사회의 혹독한 시련을 겪으면서 좋게만 생각할 수 없는 문제에 직면한다. 영국, 프랑스, 독일의 구미 열강에 의한 청나라 침략, 북방 대국인 러시아의 남하가 심해서 일본의 독립 자체가 위험해졌다.

이런 상황 속에서 중요한 청나라는 청일 협동으로 구미 열강의 침략에 대항할 생각은 하지 않고, 고대 이후 오랫동안 내려온 '중화사상'이 뿌리 깊게 남아 오히려 주변 국가들을 신하 다루듯이 했다.

러시아가 프랑스와 독일과 합세해 '시모노세키 조약'으로 청나라에서 할양받은 대만, 랴오둥반도, 펑후 제도 중에 랴오둥반도를 청나라에 반환하도록 생각해 주는 척 권고해 왔다. 만주에 큰 이권을 가진 러시아로서는 간과할 수 없는 일이었던 것이다.

대항할 정도의 힘이 없던 일본은 외교에 신중하게 노력하면서 와신상담의 각오로 군비 증강에 힘을 쏟아 1904년 초에 러시아에 선전포고를 하였다. 육군은 수많은 희생을 치르면서 뤼순(旅順)을 함락시키고 펑톈(선양, 奉天)을 압제하였다. 해군도 발트 함대를 현해탄에서 포착해 격멸한다.

그 결과, '포츠담 강화 조약'으로 조선에 대한 감독권, 만주의 조차권, 남사할린과 부속된 섬들의 영유, 연해주와 캄차카의 어업권을 획득한다.

청일 · 러일 전쟁과 강화 조약

청일 전쟁

● 일본의 제안을 거부
● 조선에 대한 종주권의 정당성을 주장

청나라 ── 1894년 8월 ~ 1895년 4월 ── 일본

Win!

● 동학 농민 운동을 청일 양국에서 공동으로 진압하고, 내정 개혁 추진을 제안
● 청나라의 종주권하에 놓인 조선을 해방시켜 일본의 세력하에 두려는 의도

1895년 4월

시모노세키 조약

● 청나라는 조선의 독립을 승인한다.
● 청나라는 일본에 랴오둥반도·대만·펑후 제도를 할양한다.
● 청나라는 일본에 배상금 2억 냥을 지불한다.

※ 단, 랴오둥반도는 11월, 3국(러시아·프랑스·독일) 간섭으로 3,000만 냥과 교환해 청나라에 반환

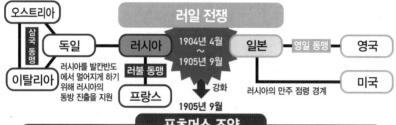

오스트리아

삼국 동맹

독일

이탈리아

러일 전쟁

러시아 ── 1904년 4월 ~ 1905년 9월 ── 일본

러시아를 발칸반도에서 멀어지게 하기 위해 러시아의 동방 진출을 지원

러불 동맹

프랑스

강화

영일 동맹 ── 영국

미국

러시아의 만주 점령 경계

1905년 9월

포츠머스 조약

● 러시아는 한국에 대해 일본의 우월권을 승인한다.
● 러시아는 일본에 중국 동북 지방의 철도와 거기에 부수된 권리를 양도한다.
● 러시아는 일본에 북위 50도 이남의 사할린섬을 아무 보상 없이 넘겨 준다.
● 연해주 등의 어업권을 일본에 허락한다.

Column

러일 전쟁의 숨은 공로자, 재무의 천재, 다카하시 고레키요

1904년 2월 어전 회의에서 러시아와의 국교 단절을 결정한다.

더욱이 전쟁이 시작되면 외국 은행은 도망가 버릴 것이고 군수 물자나 그밖에 사용할 수 있는 '정화(正貨)'를 기축 통화로 지불하면 잔액은 6,500만 엔이다. 군사 예산의 최저 견적은 4억 5,000만 엔! 누가 봐도 터무니없이 모자란다.

더욱이 영일 동맹이라 해도 백인 대 황인의 인종 싸움에는 공공연하게 편을 들어 줄 수 없다는 영국의 앓는 소리, 변명을 들으면서도 놀랍게도 다카하시 고레키요(高橋是淸)는 13억 엔이나 되는 외채를 모으는 데 성공했다.

64 삼민주의를 제창하고 중국 혁명의 기선을 잡는다

청나라 타도의 기선을 잡지만, 권력 망자들의 먹이가 된다

1910년에 일본이 한국 병합을 이루기에 조금 앞서서 중국에서는 쑨원이 '중국 동맹회'라는 혁명 단체의 연합 조직을 결성했다. 삼민주의(민족 독립·민권 신장·민생 안정)를 외치며 '4가지 강령'(만주족 타도·중화 회복·민국 건설·지권 평균)을 걸고, 착실하게 혁명 운동을 개시한 것이다.

이듬해인 1911년에 청나라는 국내 간선 철도의 국유화를 선포했다. 미국, 영국, 프랑스, 독일의 차관단 자금을 차입해 담보로 할 목적으로 행한 일이었는데, 철도 건설과 이권 회수에 종사하던 민족 자본가와 유력자를 격노시켰다. 쑨원의 동맹회에는 싸움의 불을 붙이는 뜻하지 않던 찬스였다. 혁명의 불길은 후베이성(湖北省)의 우창(武昌)에서 솟아올랐다. 불길은 눈 깜짝할 사이에 각 성(省)으로 확대되고 고작 한 달 사이에 대부분의 성이 독립 선언을 발표할 기세였다.

미국과 영국의 유세 여행에서 귀국한 쑨원은 바로 임시 대총통으로 선출되고 난징에서 중화민국의 건국 선언이 발표된다. 그러나 청나라는 여전히 건재했고 북양군의 실력자 위안스카이(袁世凱)를 총리대신으로 임명해 모든 권한을 부여한다. 그런데 권력에 집착한 야심가 위안스카이는 혁명파와 거래해 선통제(宣統帝, 부의)의 퇴위, 공화제의 실현을 조건으로 자신이 임시 대통령으로 취임한다. 이것이 목적이었기 때문에 일단 권력을 손에 쥐자마자 돌변하여 아무 권력도 없는 제왕, 쑨원의 혁명파를 철저하게 탄압한다.

멸망한 청나라를 대신해 독재 정권으로 바꾼 위안스카이는 더욱 강력한 권력을 휘두르게 된다. 그 결과, 혁명에 실패한 쑨원은 잘 알려진 것처럼 일본으로 망명하고 다시 중화 혁명당을 결성해 때를 기다리게 된다.

쑨원의 움직임과 청나라의 멸망

신해혁명으로 독립한 성

내몽골

즈리

산시(山西)

산시(陝西)

간쑤

산둥

허난

안후이

쓰촨

후베이

●우창

장시

저장

후난

구이저우

푸젠

윈난

광시

대만

광둥

쑨원

프랑스령 인도차이나

하이난섬

펑톈

1894년 쑨원이 흥중회를 결성

1905년 쑨원이 흥중회를 중심으로 중국 동맹회를 결성(삼민주의를 외침)

1907년 중국 동맹회가 각지에서 무장봉기

1911년 쓰촨에서 폭동, 신해혁명이 발발

1912년 중화민국이 성립, 선통제가 퇴위(청나라 멸망) 위안스카이가 임시 대통령으로

1913년 쑨원이 혁명에 실패하고 일본으로 망명

1914년 쑨원이 중화 혁명당을 결성

위안스카이

Column

쑨원을 지지하는 대륙의 낭인들

신해혁명이 일어나자 일본의 여론에는 2가지 반응이 나타났다.

이전부터 쑨원과 친분이 있고 오랜 인연이 깊은 사람은 낡은 중국을 부수고 새로운 나라 만들기에 전념할 수 있다고 기뻐했다. 도야마 미쓰루(頭山満)와 이누카이 쓰요시(犬養毅)이다.

그러나 야마가타 아리토모(山縣有朋)와 같은 육군 중진은 인접국이 공화제가 되는 것을 싫어하며 내각과는 상관없이 '제국 국방 방침'을 결정한다. 청나라의 존속을 바랄 정도여서 이때 이미 나중에 군부의 폭주를 예상하게 하는 싹을 품고 있었다.

이밖에 '대륙낭인'이라 칭하는 정체불명의 '가테렌(勝手連, 어떤 테마에 찬동하는 사람들이 자발적으로 모여 지원하는 시민 활동 양식)'과 같은 사람들도 있지만, 정확히는 알 수 없다. 본인의 의지와 달리, 일본 본토의 국가주의나 대외 팽창주의에 이용되는 경향이 있었다.

도적이나 다름없는 군벌 집단 청나라 붕괴 후 장제스(蔣介石)에 의한 중화민국이 성립하기까지 중국은 할거하는 봉건 영주처럼 각지에서 사병을 양성하는 군벌이 나타나 구미 열강의 지원을 받아 지주 계급과 손을 잡고 난폭한 행동을 일삼았다. 군벌끼리는 이미 익숙한 전투를 거듭하면서 이합집산을 반복하다가 마침내 장제스의 등장으로 통일된다.

65 누가 승자인가? 끝없이 이어지는 소모전, 마른 전투

탄환 소비량이 예상보다 20배, 450만 발. 전쟁이란 무엇인가?

1914년 6월 28일에 보스니아의 수도 사라예보를 방문 중인 오스트리아 합스부르크가의 황태자 부부가 갑자기 세르비아의 암살자 집단에 저격을 당해 사망하는 사건이 일어난다.

오스트리아 정부가 독일의 동의를 얻어 세르비아에 선전 포고를 하자, 열강 제국도 잇달아 참전 의사를 표명한다. 오스트리아가 세르비아에 침입하고 각 나라를 후원하는 독일과 러시아가 참전하면, 자동으로 독일과 프랑스 간에 전쟁이 일어나는 것은 불을 보듯 뻔했다.

독일은 양면 전쟁을 할 만큼의 여유가 없었다. 아마도 전력을 프랑스에 집중해야 할 것이다. 그때 영국은 세계 제국으로서의 중립을 지킬 것이다.

실제 전쟁의 국면은 거의 예상대로였다.

독일군은 룩셈부르크에 침입해 벨기에 영역으로 밀고 들어갔다. 바로 프랑스군이 반격하면서 격전이 이루어졌다. 이때 양국의 군 참모 본부가 시범적으로 계산한 포탄 소비량은 하루에 2만 발이었는데, 최고일 때의 생산량은 하루 평균 30~40만 발도 부족했다고 한다.

이는 예상을 훨씬 넘어서는 포탄 소비량이었다. 전쟁의 성격이 병력 전투 중심에서 물량 작전이 되었고 참호전이 되었기 때문에 전면적인 고착 상태에 빠지고 말았다. 이에 따라 독일의 작전은 일찍부터 좌절되었고 승리로 향하는 길은 닫혀버렸다. 이것을 '제1차 마른강 전투'라 하고, 역사에는 전쟁 형식을 완전히 바꾼 전쟁으로 기록돼 있다. 새로운 무기와 전략이 도입된 것이다.

동맹국과 연합국

벨기에로 침입하는 독일

네덜란드

솜 전투

됭케르크
칼레
생토메르
릴
모뵈주
라페흐
랑스
센강
파리
마른강

프랑스 공화국

제1차 마른 전투

벨기에 왕국
안트베르펜
브뤼셀
나뮈르

몽메디
랭스
메스
낭시
투르

에센
쾰른
아헨

독일 제국

베르됭 전투

	1882년
	독일, 오스트리아, 이탈리아 삼국 동맹을 결성
	1914년
6월	사라예보 사건
8월 1일	독일, 러시아에 선전포고
8월 3일	독일, 프랑스에 선전포고를 하고, 중립국 벨기에로 침입
8월 4일	영국, 독일에 선전포고
8월 23일	일본, 독일에 선전포고
10월	동맹국 측에 오스만 제국 참가
	1915년
5월	연합국 측에 이탈리아 참가
10월	연합국 측에 불가리아 참가
	1917년
	연합국 측에 미국 참가
	1918년
9월	불가리아가 항복

제8장

전쟁과 혁명의 시대

Column

근대 병기가 속출한 제1차 세계대전

독일의 단기 결전 계획과 상관없이 전쟁이 장기화로 이어져 동맹국, 연합국 모두 독가스 사용을 시작으로 다양한 신병기를 고안해 실험적으로 전쟁터에 투입했다.

대표적인 예로는 탱크(전차), 참호전 대책 병기로 고안된 것을 들 수 있다. 또한 공중에서 정찰하거나 폭격하기 위해 생산된 것이 비행기였다. 더욱이 해상권이 지배되어도 수중 교통에 영향을 받지 않는 잠수함 등도 있다.

제철 기술과 과학 기술의 발전 없이는 생각하지 못할 일이다. 이는 시대의 변화를 상징하는 움직임이다. 전쟁은 병사와 병사의 전쟁이라기보다 국가와 사회의 통합적인 구조와 발전적인 생산력 상태에 따라 결정되는 총력전 시대가 된 것이다.

'죽음의 상인' 노벨 알프레드 노벨은 실험 중에 남동생과 동료 연구자를 폭발 사고로 잃으면서도 나이트로글리세린의 실용화에 성공하여 광산 채굴과 토목 공사에 사용되고 50개국에서 특허를 취득했다. 100개의 공장에서 풀가동하여 억만장자가 되지만, 대부분의 재산을 지인한테 가로채인다. '죽음의 상인'이라 불리며 노벨 재단을 설립해 달라는 유서를 남기고 타계했다.

66 유럽 중심의 열강 체제가 미국 중심으로 변하다

미국이 영국과 프랑스에 대한 경제적 지원으로 세계의 큰 무대에 서다

제1차 세계대전은 오스트리아가 세르비아에 선전포고를 하자, 열강 제국도 연이어 참전 의사를 표명하면서 시작됐다. 오스트리아가 세르비아에 침입하면 각 나라를 후원하는 독일과 러시아가 참전한다. 이렇게 되면 자연스럽게 독일과 프랑스의 전쟁이 된다.

전쟁터가 확대되어 세계 규모로 커지자, 전쟁터에서 멀리 떨어져 있는 미국도 전쟁에 휘말리는 것은 필연적인 정세였다. 실제로 영국의 해상 봉쇄에 대항해 독일이 잠수함으로 반격을 개시, 영국 상선을 침몰시키자 백수십 명의 미국인이 희생되었다.

더욱이 독일이 지정 항로가 아닌 곳을 지나는 선박은 아무 경고 없이 공격한다는 선언을 하자, 중립을 선언하고 재선된 미국 대통령 윌슨은 독일과의 국교를 단절하였다. 이로써 1917년 4월 독일에 선전포고를 할 수밖에 없었다.

그렇지만 미국은 자본주의의 조국인 영국이 과거 자유 무역주의를 표방하고 세계에 군림했던 것처럼 보호 관세 무역으로 자유주의를 주창하며 대두했기 때문에 직접적인 무력 공격이 아닌 연합국에 대한 경제적인 지원, 즉 달러 차관과 같은 형태로 대응한다.

그 결과, 전쟁으로 피폐해지고 약해진 유럽을 대신해서 새로운 자본주의를 미국이 창조하게 된다. 세계대전은 유럽에 흥망을 가져왔지만, 미국에는 공전의 번영을 초래했다. 전전의 미국은 채무국이었지만, 종전 때는 약 100억 달러의 채권국이 되었다.

또한 세계의 금 보유고 절반이 미국에 집중되어 영국을 대신할 만한 실력을 갖추게 되었다. 미국이 비로소 세계의 중심이 된 것이다.

제1차 세계대전까지 미국의 동향

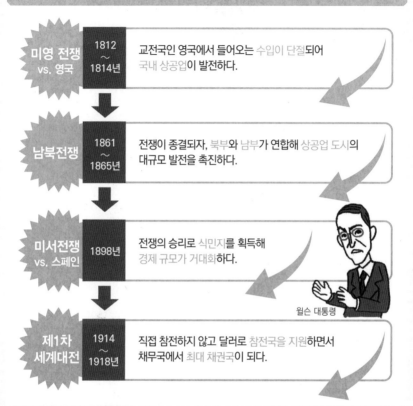

미영 전쟁 vs. 영국	1812 ~ 1814년	교전국인 영국에서 들어오는 수입이 단절되어 국내 상공업이 발전하다.
남북전쟁	1861 ~ 1865년	전쟁이 종결되자, 북부와 남부가 연합해 상공업 도시의 대규모 발전을 촉진하다.
미서전쟁 vs. 스페인	1898년	전쟁의 승리로 식민지를 획득해 경제 규모가 거대화하다.
제1차 세계대전	1914 ~ 1918년	직접 참전하지 않고 달러로 참전국을 지원하면서 채무국에서 최대 채권국이 되다.

윌슨 대통령

Column

평화를 기원하는 **로맹 롤랑**

유럽이 전쟁으로 완전히 뒤덮여버렸을 때 평화를 기원하는 유럽의 양심은 스위스 쥬네브로 모였다. 그중 『장 크리스토프』로 노벨상을 수상한 프랑스 작가 '로맹 롤랑'이 있다. 그는 여러 국가의 사회주의자가 호전(好戰)주의자와 타협하면서 과거 격렬하게 전쟁에 반대하던 입장이 타협으로 변절되었기 때문이라고 말했다.

그렇다면 이때 레닌이 이끄는 볼셰비키당이 "전쟁을 내란으로 바꾸자"라고 외치며 10월 혁명을 준비하던 사실을 몰랐을까? 비판은 간단하지만, 실천과 실학은 어렵다. 레닌은 이때 사회민주당과 결별하고 공산당을 결당한다.

에디슨과 포드는 절친　19세기 말 어느 저녁 식사에서 증기 자동차, 전기 자동차, 가솔린 자동차를 두고 논쟁이 벌어졌다. 화제에 오른 것은 전기 자동차였지만, 에디슨은 포드가 가솔린 자동차를 만들었다는 소식을 듣고 질문을 퍼부었다. 포드는 이 일 때문에 가솔린 자동차 제조를 결심했다고 한다. 이후 두 사람은 매우 친한 사이가 되었다.

67 제국주의 전쟁을 내란으로 전환하라

공산당 탄생, 반전 운동이 혁명의 슬로건이 되다.

근대화에 뒤처진 러시아는 세계대전이 시작되자마자 약점을 드러냈다. 전쟁터에서 싸우는 병사에게 탄약은커녕 의료, 식량도 만족스럽게 지급하지 못했다. 국내에서도 극단적인 물자 부족이 계속된 탓에 노동자와 농민, 병사 사이에서 전쟁을 계속 이어가는 정부에 대한 불만과 비판이 커졌다.

1917년 2월에 빵 가게 앞에 생긴 행렬이 데모로 번지면서 파업이 시작되자마자 각지로 퍼졌다. 1905년의 경험이 있었기 때문에 매우 자연스럽게 노동자와 병사 사이에서 '소비에트(평의회)'가 결성되었다.

그런데 사회 혁명당과 사회 민주당의 소수파(멘셰비키)는 자유주의자와 손을 잡고 임시 정부를 수립한다. 황제 니콜라이 2세는 퇴위하고 로마노프 왕조는 멸망(2월 혁명)한다. 눈앞에서는 임시 정부와 노동자·농민·병사 소비에트가 병립하는 이중 권력 상황이 출현한다.

이때 스위스에 망명한 레닌이 귀국해 의회주의적 공화정이 아닌 노동자·농민·병사의 대표 기관인 소비에트가 권력을 장악하는 공화국 수립을 요구하면서(4월 테제) "모든 권력을 소비에트로", "제국주의 전쟁을 내란으로 전환하자"라고 외친다.

전쟁을 계속하는 임시 정부에 정면으로 반대하는 방침으로 11월 7일 레닌은 트로츠키와 함께 무장봉기로 임시 정부를 타도하고 모든 러시아 소비에트 회의에서 신정부 수립을 선언한다. 이것이 바로 '10월 혁명'이다.

정부 수립 후 레닌은 '평화에 관한 포고'에 따라 모든 교전국에 무배상·무병합·민족 자결에 의한 강화를 제안하고 '토지에 관한 포고'를 발표하는데, 이는 실로 장대한 실험이었다.

러시아 혁명의 경위

1914년

제1차 세계대전 발발

근대화가 지연된 러시아는 불리한 전황,
식량의 부족 등으로 약점을 드러낸다.

차리즘의 타도

1917년

3월 페트로그라드 폭동을 거쳐 3월 혁명이 일어남.
소비에트와 임시 정부의 이중 권력이 됨.

4월 레닌이 4월 테제를 제안

11월 "모든 권력을 소비에트로"
"전쟁을 내란으로 전환하자"
레닌이 신정부를 수립
사회 혁명당을 급속하게 진행시킴.

트로츠키 · 레닌

Column

프롤레타리아 독재? 공산당 독재?

혁명의 원수인 마르크스와 레닌은 자본가 계급(부르주아지)의 임금 노동자(프롤레타리아트)에 대한
독재를 역전시키는 것이 독재라고 주장했다.

이를 있는 그대로 설명하면, 압도적인 다수파의 프롤레타리아트가 소수파인 부르주아지를 독재,
즉 압도적인 다수파에 의한 소수파의 독재이기 때문에 민주주의 실현이라고 주장하는 것이다.

그러나 독재가 폭력적으로 집행되는 한 민주주의는 '그림의 떡'이고 실제 보고되는 내용은 완전히
달라진다. 더욱이 공산당 독재가 권력을 집행하기 때문이다. 혁명은 수없이 반복되지만, 민주적인
혁명 따위는 본 적이 없다.

연합국의 러시아 혁명 간섭 전쟁 1919년 4월 흑해에 주둔 중인 프랑스 함대가 혁명 러시아의 영향을 받아 반란을 일
으킨다. 북부 러시아에서도 미국군과 영국군에 대한 반란이 일어난다. 군대가 철퇴하는 대신, 러시아 국내의 반혁명 세
력인 코르치크 군대에 1억 달러의 차관을 비롯한 방대한 무기와 탄약이 보내졌다. 남러시아의 데니킨에게도 차관 외
에 비행기와 탱크 등이 보내졌다.

68 미국을 제외한 미국 체제, 국제 연맹의 발족

격변하는 제1차 세계대전 후의 세계 질서! 대서양에서 태평양으로

1919년 1월 파리에서 세계대전을 종결시키기 위한 강화 회의가 개최되었다. 이 회의의 기조는 미국 대통령 윌슨이 제안하는 '14개조 평화 원칙'이었다. 유럽 국가들의 전통적인 낡은 체질과 관례가 비판의 대상이 된다.

구체적으로 말하면, 비밀 외교의 폐지와 관세 장벽의 철폐, 군비 축소, 유럽 국가들의 민족 자결, 식민지 문제의 공정한 해결 등이다. 그러나 영국의 로이드 조지나 프랑스의 클레망소한테 받아들여질 리가 없었다. 윌슨의 제안은 부분적인 실현에 그쳤다.

그래도 패전국인 독일은 식민지 전부를 잃고, 알자스로렌, 폴란드, 덴마크 등 국경 지대를 할양하는 것 외에도 막대한 배상금(1,320억 금 마르크)이 부과되었다. 오스트리아는 독일인으로만 이루어진 소공화국이 되었다.

헝가리나 체코슬로바키아, 유고슬라비아, 폴란드가 독립했다. 그리고 시리아는 프랑스, 이라크, 트란스요르단, 팔레스타인은 영국의 위임 통치하에 놓였다. 대대적인 세계 질서의 변화였다.

이러한 전후 질서를 실행하기 위해 국제 연맹이 창립된 것이지만, 독일과 소비에트는 처음부터 배제되었고 제안자인 미국도 국내의 동의를 얻지 못해 참가하지 못하는 이상한 체제가 되었다.

그럼에도 불구하고 보수적인 유럽의 숨 막히는 구질서를 대신해 젊고 자유로운 재능이 넘치는 미국이 국제 무대에 데뷔하는 기회가 주어진 것은 다행스러운 일이었다. 이후 미국 없이는 도저히 해결할 수 없는 어려운 문제가 연달아 발발한다.

국제 연맹의 구조와 움직임

국제 연맹의 구조

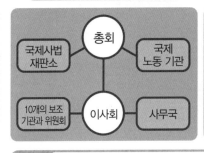

국제 연맹 집단 안전 보장

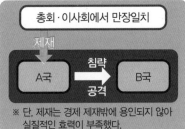

※ 단, 제재는 경제 제재밖에 용인되지 않아 실질적인 효력이 부족했다.

1920년	국제 연맹이 설립된다. 원래 미국 대통령 윌슨의 '14개조 평화 원칙'에 따라 설립되었지만, 장본인인 미국은 국제 연맹에 불참가, 42개국의 가맹으로 발족했다.
1926년	제1차 세계대전의 패전국 독일이 가맹 가맹
1933년	만주국 문제로 일본, 파시즘이 대두한 독일이 탈퇴 탈퇴
1934년	소비에트 연방이 가맹 가맹
1937년	파시즘이 대두한 이탈리아가 탈퇴 탈퇴
1939년	소비에트 연방이 제명된다. 제명

Column

간디의 소원 – **비폭력 · 불복종 운동**

영국은 세계대전이 끝난 후 인도에 자치권 부여를 약속하고 군인과 물자를 공급받았는데, 종전 후 약속을 지키지 않았다. 약속은커녕 터져 나오는 민족 독립운동을 탄압하느라 정신이 없었다.

그때 보기 드문 형태로 민족운동, 독립운동에 영향을 준 사람이 '간디'였다. 그는 자치권 획득을 위한 운동을 '비폭력·불복종 운동'이라는 형태로 전개하여 반영국, 반제국주의 운동을 흡수했다.

영국과 같은 구미 열강의 문화를 따르지 않고 원시적인 방법으로 실을 짜거나 소금을 정제하는 모습이 인도인의 마음을 움직인 것일까?

국제 연맹에서 인종 평등을 호소한 일본   제1차 세계대전 중 미국 대통령 윌슨이 강화 회의에서 14개 조약을 제안한다. 일본도 회의에서 인종 평등안을 제출한다. 인종이나 국적의 차별을 받지 않는다는 내용으로 12대 5로 가결되었지만, 윌슨은 만장일치의 원칙을 주장하면서 거부하는 난폭한 행동을 한다. 백인 우월주의를 무너뜨리는 제안은 용납할 수 없었던 것이다.

69 금본위제를 붕괴시키고 다시 식민지 쟁탈전으로 돌입

블록 경제와 자급자족 경제로 역행하는 세계의 행방

1929년 10월 24일, 뉴욕 주식 시장에서는 하루에 주식이 1,300만 주나 팔리고 10월 29일에는 하루 평균 주가가 43포인트나 하락하면서 두 달 전의 절반으로 폭락한다. 소위 '검은 화요일'이다. 이것이 세계 경제의 파국, 대공황의 전조였다.

지금은 미국이 세계 경제의 중추를 차지하는 나라이고 미국 경제가 감기에 걸리면 세계가 폐렴에 걸릴 정도의 관계가 되었다. 이후 1933년까지 세계의 공업 생산액은 절반 가까이 하락하고 세계 무역의 거래량은 70%나 감소했다.

이런 와중에 미국 자본이 차례대로 인상된 탓에 각국의 준비금은 빠른 속도로 유실되고 금본위 제도의 유지가 곤란해졌다. 1931년 9월에 먼저 영국이 금태환을 금지하고 외환을 관리해서 금본위제를 이탈한 것이 세계 경제의 전환을 촉진하는 계기가 되었다.

자동으로 아시아의 식민지국들과 남아메리카 국가들, 북유럽 국가들도 금본위제에 머무를 수 없게 되었다. 금본위제에 묶여 있던 나라들도 관세 장벽을 높이거나 평가를 낮추는 등의 방법으로 무역 전쟁을 유리한 국면으로 이끌려고 하면서 세계 경제의 분열과 대립은 더욱 거세졌다.

여기서 주목해야 할 점은 이와 같은 혼란을 눈앞에 두고도 국제 연맹은 아무런 힘을 행사하지 않았다는 사실이다. 영국 연방에 이어 프랑스, 미국도 봉쇄적인 경제권, 즉 '블록'을 만들어 자국과 관계가 깊은 나라를 울타리 속으로 결집했다.

이때 문제가 되는 것이 '블록'이 불가능한 울타리 밖의 국가들이다. 독일과 이탈리아는?

세계 공황의 영향

세계 공황

블록 경제 → **가진 나라** ⬤

군국주의 → **못 가진 나라** ✕

가진 나라

미국
- ⬤ 달러 블록
- ⬤ 뉴델리 정책
- ⬤ 중남미 국가들의 친선 외교

영국
- ⬤ 스털링 블록(Sterling Bloc)
- ⬤ 금본위제의 폐지
- ⬤ 실업 보험금의 축소

프랑스
- ⬤ 프랑 블록
- ⬤ 불소 상호 원조 조약 체결
- ⬤ 인민 전선 내각 = 프랑스·파시즘 내각의 성립

못 가진 나라

독일
- ⬤ 나치스 내각의 성립
- ⬤ 국제 연맹에서 탈퇴
- ⬤ 재군비 선언

이탈리아
- ⬤ 파시스트당 내각의 성립
- ⬤ 에티오피아로 침입
- ⬤ 국제 연맹에서 탈퇴

일본
- ⬤ 확장 노선으로 만주국 건설
- ⬤ 국제 연맹에서 탈퇴
- ⬤ 중일 전쟁

제8장

전쟁과 혁명의 시대

Column

가진 나라와 못 가진 나라

간단히 나눠 보면 가진 나라는 미국, 영국, 프랑스 3개국, 못 가진 나라는 독일, 이탈리아, 일본 3개국이다.

가진 나라는 각각 달러 블록, 스털링 블록, 프랑 블록을 형성해 이전부터 소비 경제를 만들 수 있었다. 그러나 못 가진 나라는 자국 외에 울타리를 만들어 결집할 지역을 획득해야만 했다. 전쟁을 치를 각오로 말이다.

독일은 히틀러와 나치스의 집권에서 재군비하고, 이탈리아도 파시스트 집권 중에 에티오피아로 침공하였으며, 일본은 중일 전쟁과 만주국을 건설한다.

세계 경제 대공황 때 '금해금' 소동 1930년 1월 뉴욕 월가의 대폭락이 일어나기 직전에 실시된 일본의 금해금 조치는 태풍의 한가운데서 창을 열어젖히는 대혼란이었다. 번쩍거리는 금화와 교환할 수 있다고 해서 긴 줄이 생겼지만, 1년 반 후에 줄줄이 세는 금의 유출과 달러 매수가 시작되면서 일본 은행의 준비금은 8억 엔까지 급감하고, 영국은 금본위제에서 탈퇴한다.

70 정국 혼란을 틈타 대두한 나치와 파시즘

국민의 불안에 편승해 배외주의로 전환하여 권력을 휘두르다

과거를 단죄하기는 쉽다. 그러나 현실적인 문제로 이탈리아의 무솔리니, 파시즘과 정면으로 맞서고, 독일의 히틀러, 나치즘과 정면으로 붙어야 한다. 이는 과거의 역사가 아니라 현실의 문제이다.

이탈리아는 세계대전의 전승국이었지만, 약속된 영토의 일부를 얻지 못해 큰 불만을 남겼다. 또한 전후에 심한 인플레이션의 타격으로 임금 노동자의 불만은 폭발하기 직전까지 커졌다.

그때 급속하게 세력을 확장한 것이 원래 사회당원이던 무솔리니가 이끄는 파시스트당이었다. 그들은 좌익 세력을 습격하고 약해진 정부를 비판하면서 지주, 자본가, 군인의 지지를 모았다. 그리고 1922년에 정권 획득을 목적으로 로마 진군을 개시하여 결국 권력의 자리에 앉는다.

무솔리니는 일당 독재를 강화하는 데 나서는 한편, 막다른 상황에 놓인 국민 경제의 출구를 대외 침략에서 찾으려고 노력했다. 알바니아의 보호국화와 에티오피아의 침공이었다. 국제 연맹은 아무것도 할 수 없었다.

세계 공황으로 타격을 입은 독일도 비참했다. 히틀러와 나치스당은 그 틈을 파고들었다. 히틀러는 독일 민족의 우수성을 주장하며 베르사유 조약 파기, 식민지 재분배, 유대인 배척을 호소했다. 그리고 불로 소득 폐지, 트러스트 국유화와 같은, 언뜻 보면 반자본주의적인 슬로건도 외쳤다.

좌익으로 오인될 소지가 있는 슬로건은 나치스당의 정식 명칭이 '국가 사회주의 독일 노동자당'인 것처럼 일부러 오해할 법한 이름을 지었다. 이 방법이 좌와 우 양쪽의 불만분자를 규합하기 쉬웠기 때문이다. 여기에 나치스가 급증한 트릭이 감춰져 있었다.

히틀러 1883~1945년

나치스의 독재자로, 오스트리아에서 태어나 독일로 이주해 제1차 세계대전에 종군하고 전후 나치스에 가입해 1933년에 히틀러 내각을 성립한다. 공포 정치와 독재 정치를 펼친다.

무솔리니 1889~1945년

파시스트당의 독재자로, 이탈리아에서 태어나 대장장이의 아들로 사회당에 입당한다. 참전을 강경하게 주장했기 때문에 당에서 제명된다. 이후 반사회주의자로 전향해 파시스트당을 결성하고 파시즘 노선을 독주했다.

제**8**장

전쟁과 혁명의 시대

못 가진 나라의 숙명은 전쟁터의 확대 워싱턴 해군 군축 조약으로 해군 주력군 세력의 비율이 영국 · 미국 · 일본 각 10:10:6으로 보조 함대도 대체로 비슷한 비율로 정해졌다. 이에 대한 군부와 우익의 반발이 커서 5.15 사건, 2.26 사건을 거쳐 만주사변으로 이어진다. 자원이 없는 나라는 영토의 확장, 자본의 획득만이 살길이었다.

71 나치스의 영토 확장에 대항하는 영국과 프랑스의 국토 방위 전략

세계대전 발발에 불을 붙인 '독일·소련 불가침 조약' 체결

스페인 내란에서 프랑코 장군의 반란을 지원한 나치스·독일, 파시스트·이탈리아는 소련이나 구미 사회주의자, 지식인 등 다양한 구성원으로 이루어진 국제 의용군과 싸운 경험으로 국제 공산주의 운동과 전투를 개시한다.

나치스·독일, 파시스트·이탈리아가 '베를린·로마 주축 동맹'을 체결하고, 독일·일본이 '방공 협정'을 체결한 데 이어 1937년에는 독일·이탈리아·일본의 '삼국 방공 협정'이 체결된다. 그리고 각각 국제 연맹을 탈퇴하고 삼국 주축 체제가 형성된다.

나치스·독일은 재빨리 오스트리아를 병합하고 더욱이 독일인이 많은 체코슬로바키아의 주데텐란트의 할양을 요구한다. 1938년 9월 뮌헨 협정에서 영국 총리 체임벌린과 프랑스 수상 달라디에가 추인된다.

이어서 독일은 체코슬로바키아의 서부(보헤미아, 모라바)를 병합해 슬로바키아를 보호국으로 삼는다. 더욱이 폴란드는 단치히 자유 도시의 반환을 요구한다. 이때 세계를 아연실색하게 한 사건이 독일과 소련이 '독일·소련 불가침 조약'을 체결한 뉴스였다.

1939년 9월에 영국과 프랑스는 그제야 독일에 선전포고를 하고 마지못해 행동에 나선다. 그리고 제2차 세계대전이 시작되었다. 그러나 독일은 덴마크, 노르웨이, 네덜란드, 벨기에를 차례대로 제압, 결국 프랑스로 침입해 파리를 점령한다.

그러다 독일·소련 불가침 조약을 파기하고 러시아의 대지로 침입을 개시했을 때 독일군은 나폴레옹과 마찬가지로 진흙탕 싸움과 파멸의 길로 빠진다. 나치스·독일은 자멸한다.

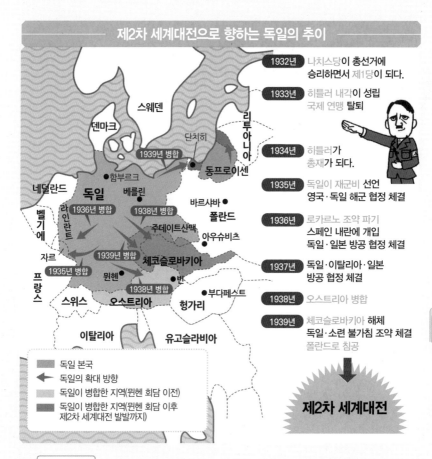

제2차 세계대전으로 향하는 독일의 추이

스웨덴

덴마크

리투아니아

단치히

1939년 병합

동프로이센

네덜란드

독일

함부르크

베를린

벨기에

라인란트

1936년 병합

1938년 병합

바르샤바

폴란드

자르

주데이트산맥

아우슈비츠

1939년 병합

체코슬로바키아

프랑스

1935년 병합

뮌헨

반

스위스

1938년 병합

오스트리아

부다페스트

이탈리아

헝가리

유고슬라비아

1932년 나치스당이 총선거에 승리하면서 제1당이 되다.

1933년 히틀러 내각이 성립 국제 연맹 탈퇴

1934년 히틀러가 총재가 되다.

1935년 독일이 재군비 선언 영국·독일 해군 협정 체결

1936년 로카르노 조약 파기 스페인 내란에 개입 독일·일본 방공 협정 체결

1937년 독일·이탈리아·일본 방공 협정 체결

1938년 오스트리아 병합

1939년 체코슬로바키아 해체 독일·소련 불가침 조약 체결 폴란드로 침공

제2차 세계대전

독일 본국

독일의 확대 방향

독일이 병합한 지역(뮌헨 회담 이전)

독일이 병합한 지역(뮌헨 회담 이후 제2차 세계대전 발발까지)

Column

레지스탕스의 영웅, 샤를 드골 장군

나치스·독일군의 파리 점령으로 프랑스는 항복한다. 북부를 독일, 남부를 페탱 정권이 통치하게 된다.

이때 샤를 드골 장군이 런던에서 프랑스 망명 정부의 내각을 조직하여 저항할 것을 호소한다. 그리고 자유 프랑스군을 조직해 연합군에 참가한다.

이와 동시에 샤를 드골 장군은 프랑스 국내의 레지스탕스 운동을 결집하는 데 힘을 쏟아 알제에서 프랑스 해방 국민 위원회를 조직한다. 이 정도면 이미 반은 임시 정부에 성공한 것이나 다름없었다. 곧 프랑스 공화국 임시 정부의 수상과 각 관료의 임무를 정한 후 파리를 해방시키고 파리 입성을 진두지휘했다.

루스벨트 대통령의 뉴딜리 정책 루스벨트는 불황으로 침체된 1930년대 미국에 새로운 개념의 자본주의를 만들어 낸다. 민간 경제 활동에 정부가 개입해 제한하거나 자극, 통제할 수 있게 되었다. 정부가 실업 대책 사업이나 공사를 조직하고 민간 기업과 경합할 수도 있다. 이러한 일련의 정책을 '뉴딜리'라고 한다.

72 어쩔 수 없이 내건 '대동아 공영권' 건설의 슬로건

'구미 열강 플러스 1'에서 배제된 일본이 고립되다

1931년 9월 일본 육군의 정예 부대인 관동군이 류탸오후(柳条湖)에서 철도 폭파 사건을 일으키고 이를 신호로 만주 방면으로 군대를 전개하는 만주 사변이 발발한다. 이 사건은 구미 국가들의 비판을 초래해 국제 연맹의 리튼 조사단이 현지 조사를 했다. 사건의 진상은 일본이 미국 자본과 만주 철도의 공동 경영을 거부하고, 일본의 단독 경영을 선언했다는 이유로 '구미 열강 플러스 1'이라는 국제 정치 판도에서 플러스 1, 즉 일본이 제외되고 적국으로 쫓겨났다는 점이다.

이때 장제스의 국민 정부는 마오쩌둥(毛沢東)의 중국 공산당과 내전을 계속 이어갔는데, 1934년에 궁지에 몰린 공산당은 루이진(瑞金)에서 대장정을 떠난다. 그런데 가던 도중, 공산당이 내전을 멈추고 항일 민족 통일 전선의 결성을 제안한 것이다. 아버지 장쭤린(張作霖)이 관동군한테 살해되었다고 믿었던 장세량(張学良)은 공산당 공격을 주장하는 장제스를 유폐(서안 사건)하고, 내전 중지와 항일 전쟁을 제안한다. 설득 공작을 한 결과, 국민당과 공산당의 국공 합작(제2차)이 성립한다.

일본군은 이미 우한(武漢), 광주(広州)를 점령했지만, 주요 도시와 교통로만 확보했을 뿐, 광대한 농촌까지 손을 댈 여유가 없었다. 그렇지만 정세가 향하는 대로 전력을 다해 난징의 왕자오밍(汪兆銘)을 수반으로 친일 정권을 수립해 1939년에 처음으로 '동아 신질서 건설'의 슬로건을 내건다.

이렇게 해서 사실상 제2차 세계대전에 참전하게 된다. 진주만 공격으로 미국과 영국에 선전 포고를 하면서 '대동아 공영권' 건설을 위한 싸움은 태평양 전쟁이라 불리는 새로운 단계로 진입한다.

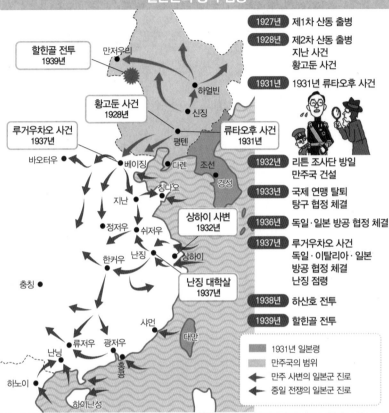

일본군의 중국 침공

할한골 전투
1939년

황고둔 사건
1928년

루거우차오 사건
1937년

류타오후 사건
1931년

상하이 사변
1932년

난징 대학살
1937년

만저우리 · 하얼빈 · 신징 · 평톈 · 베이징 · 다롄 · 조선 · 경성 · 청다오 · 지난 · 정저우 · 쉬저우 · 한커우 · 난징 · 상하이 · 충칭 · 샤먼 · 대만 · 류저우 · 광저우 · 난닝 · 홍콩 · 하노이 · 하이난섬 · 바오터우

1927년　제1차 산둥 출병

1928년　제2차 산둥 출병
　　　　지난 사건
　　　　황고둔 사건

1931년　1931년 류타오후 사건

1932년　리튼 조사단 방일
　　　　만주국 건설

1933년　국제 연맹 탈퇴
　　　　탕구 협정 체결

1936년　독일·일본 방공 협정 체결

1937년　루거우차오 사건
　　　　독일·이탈리아·일본
　　　　방공 협정 체결
　　　　난징 점령

1938년　하산호 전투

1939년　할한골 전투

■ 1931년 일본령
■ 만주국의 범위
← 만주 사변의 일본군 진로
← 중일 전쟁의 일본군 진로

Column

청년 장군의 반란은 무엇이었나?

구미 국가들의 여론은 일본을 '세계의 헌병', '의지가 되는 일본'으로 호의적으로 보고 있었지만, 제1차 세계대전 후 영국과 일본의 동맹 해제, 런던 군축 문제, 만주 사변에 대한 리튼 조사단의 권고 등 엄격한 대응을 한다.

일본에서도 군의 중추를 짊어진 청년 장교는 "일본의 교착 상태는 원로, 중신, 재벌, 정당의 무능함과 부패에 있다"라고 하면서 군 중심의 강력한 내각을 만들어 내각 정책의 대변환을 꾀해야 한다는 움직임이 나타나기 시작했다. '5·15 사건' '2·26 사건' 등이 있다. 이후 무서운 기세로 '태평양 전쟁'에만 몰입한다.

이는 고립무원의 싸움이 되고 파멸의 길로 이어진다.

중일 전쟁의 발단인 루거우차오 사건　1938년 7월 7일 밤 10시부터 이튿날 새벽 5시 사이 세 번이나 중국 측(장제스가 이끄는 국민 정부군)이 불법 사격하는 일이 생기고 중국과 일본 군인이 충돌하는 루거우차오 사건(盧溝橋事件)이 발생한다.

73 연합국의 총반격으로 독일·이탈리아·일본 잇달아 항복

원폭 투하, 소련의 예상치 않은 참전으로 일본 항복. 포츠담 선언 수락

미국을 중심으로 한 연합국은 1942년을 기해 총반격을 가한다. 특히, 미국은 대서양, 태평양의 두 전선에서 싸운 주력 부대로 1943년에는 이탈리아, 1945년에는 독일과 일본을 항복시키면서 제2차 세계대전은 종결되었다.

미국군이 태평양 제도 지역에서 일본군을 격퇴하자 소련도 스탈린그라드(현재의 볼고그라드)에서 독일군을 격파하며 반격하고 북아프리카에 상륙한 연합군도 시칠리아섬을 점령한다. 1943년 9월 연합군이 이탈리아 본토에 상륙하자, 무솔리니를 대신한 바돌리오 정권은 항복한다. 이듬해 6월에는 아이젠하워의 지휘 아래서 연합군이 노르망디에 상륙. 파리를 해방하고 샤를 드골 장군이 임시 정부를 수립한다.

이렇게 독일군은 동서 양쪽에서 완전히 무너지고 히틀러는 자살한다. 1945년 5월에는 독일군도 무조건 항복하고 무장 해제를 한다. 마지막 일본에는 미국이 본토 상륙의 준비 작업으로 오키나와에 상륙하고, 8월에는 히로시마와 나가사키에 원자폭탄을 투하해 전쟁과 무관한 시민이 죽었고, 적어도 투하 후 5년 동안 34만 명이 사망하였다.

일본은 1945년 8월 14일에 무조건 항복을 요구하는 연합군의 포츠담 선언을 수락하며, 패전국이 된다.

일본의 제2차 세계대전

1941년 12월 8일	진주만 공격 말레이반도에 상륙	태평양 전쟁 개시

홍콩 · 마닐라 · 싱가포르 침공

1942년 6월 5일	미드웨이 해전	패배
1944년 7월	사이판섬 함락	제공권을 잃음
1945년 3월	도쿄 대공습	
1945년 4월	미군이 오키나와에 상륙	
1945년 5월	독일 항복	동맹국을 잃음
1945년 8월 6일	원폭 투하	
1945년 8월 8일	소련 참전(소련 · 일본 중립 조약을 무시하고 선전 포고)	
1945년 8월 14일	포츠담 선언 수락	무항복 조건
1945년 8월 15일	천황이 종전의 조서 방송	

Column

도쿄 대공습

1944년 말, 사이판섬의 일본 기지가 미국에 빼앗기자, 아이러니하게도 구일본 기지는 미국군의 B29 전략 폭격기의 출격 거점이 된다.

잘 알려진 것처럼 B29는 일본의 주요 도시를 습격하고 군수 산업의 거점을 집중 공격할 뿐만 아니라, 소이탄을 빗발치듯 투하해 일반 시민이 도망치지 못하게 퇴로를 막고 봉쇄해서 죽이는 작전이었다.

이듬해 3월의 도쿄 대공습에서는 B29가 150기의 편대 비행을 하면서 19만 발이나 되는 소이탄을 투하하여 하룻밤 사이에 약 10만 명의 시민을 죽였다.

이시와라 간지의 '오족협화'의 이상 만주 사변의 주창자인 이시와라 간지(石原莞爾)는 만주국에 거주하는 민족이 평등하게 상호 협력해 국토 발전을 도모하는 '오족 협화(五族協和)', '왕도락토(王道樂土)'의 건설을 주장했다. 당당하게 "새롭게 건설되는 만주는 중국의 빼앗긴 땅도 일본의 빼앗긴 땅도 아닌, 중국과 일본의 공동 독립 국가이면서 여러 민족 협화의 이상향이다"라고 말했다.

74 식민지 지배에서 벗어난 아시아 국가들의 해방과 독립 선언

일본의 패전과 동시에 시작된 전승국으로부터의 독립과 해방 전쟁

일본은 '대동아 공영권'을 깃발로 내걸고 '아시아의 일은 아시아인한 테 맡기라'는 전쟁을 이어갔다. 필리핀, 인도네시아, 미얀마에 친일 정권을 세우고, 인도네시아, 태국에서도 해방 전쟁을 지원했다.

일본이 구미 열강의 연합군에 패배하면서 아시아 국가들은 또 다른 독립과 해방을 위해 싸워야만 했다. 그리고 소련이 개입하면서 복잡한 구조가 되었다.

우선 일본 직접 통치하에 있던 한반도는 북위 38도선을 잠정 경계선으로 미국과 소련 양국이 분할해 지배하게 되었다. 남쪽은 이승만을 대통령으로 한 대한민국이 되고, 북쪽은 소련을 배후로 김일성을 중심으로 한 조선민주주의 인민공화국이 되었다.

필리핀은 미국군의 지배하에 놓이지만, 농촌에 뿌리를 내린 공산당이 게릴라전을 펼치는 통에 불안정한 상태였다. 프랑스령 인도차이나는 일찍부터 1941년 5월에 호찌민이 조직한 베트남 독립 동맹(베트민)을 모체로 독립했지만, 프랑스가 승복하지 않아 무력 투쟁에 의한 민족 해방 전쟁으로 이행된다.

남아시아의 영국 지배지에서도 잇달아 독립국이 탄생했다. 지도자 간디는 인도의 통일을 주장했지만, 무슬림 동맹을 세운 진나가 동조하지 않아 힌두교도 주체인 인도와 이슬람교도 주체인 파키스탄으로 분열되었다. 이밖에 네덜란드가 지배하던 인도네시아가 독립했다.

제2차 세계대전 후의 아시아 국가들의 독립

몽골
인민공화국

조선민주주의
인민공화국
1948

일본

아프가니스탄

중화인민공화국

대한민국
1948

파키스탄
1947

네팔

부탄

라오스
1953

필리핀
1946

인도
1947

방글라데시
1971

태국

베트남
민주공화국
1945

미얀마
1948

캄보디아
1953

스리랑카
1948

말라야 연방
1957

인도네시아
1945

독립한 아시아 국가들은 아프리카 국가들과 함께 1955년에 아시아·아프리카 회의(반둥 회의)에서 주권과 영토 보전에 대한 존중, 무력침략을 부정하는 평화 원칙을 채택했다.

제2차 세계대전 후의 독립국

Column

전후 질서를 결정한 연합국의 수뇌 회담

전후에 앞서 연합국 수뇌부 사이에서 몇 번에 걸친 국제회의가 열렸고 이 담화에서 전후 처리가 결정되었다.

이미 1941년 8월 루스벨트와 처칠의 회담에서 전후 국제 질서를 결정하는 '대서양 헌장'을 선언하고, 루스벨트와 처칠, 장제스의 카이로 회담에서 일본에 대한 처리 방침이 결정되었다.

또한 프랑스 상륙은 루스벨트, 처칠, 스탈린의 테헤란 회담, 독일 처리와 소련의 참전은 루스벨트와 처칠, 스탈린의 얄타 회담에서 결정된 것이다.

일본이 패전하면서 아시아 국가들은 독립할 수 있었다?! 1943년 1월에 왕징웨이의 난징 정부에 일본의 특수 권익을 반환하고 8월에 버마국이 독립한다. 10월에는 필리핀이 독립하고 자유 인도 임시 정부가 성립한다. 11월에는 대동아 회의, 1945년 3월에는 베트남, 캄보디아, 4월에는 라오스가 독립. 7월에 인도네시아가 독립을 결정한다.

75 미국과 소련 주도의 전후 세계 체제, 동서 냉전 시대의 시작

패전국의 억압을 목적으로 한 국제 연합의 양극 분열

1941년 8월 세계대전 발발 후 루스벨트 대통령과 처칠 수상이 일찍부터 전후 국제 질서와 안전 보장의 원칙을 정한 '대서양 헌장'을 발표한다. 1944년 가을 미국, 영국, 소련, 중화민국에 의한 덤버턴 오크스 회의가 개최된 후 국제 연맹을 대신한 국제 연합 설치가 결정되었다.

특징적인 것은 국제 연맹의 무력함을 반성해 총회 결정에 따라 운영된다고 하면서도 미국, 영국, 프랑스, 소련, 중화민국의 5대국을 상임 이사국으로 한 안전보장이사회를 설정했다는 점이다. 분쟁 해결을 위해 경제 제재와 군사 행동과 같은 강력한 권한을 부여했다.

또한 군사적인 부분만이 아닌 국제 경제와 금융 협력도 연합국 대표 사이에서 협의되고 전후 세계의 경제 부흥을 위한 브레턴우즈 체제로 국제통화기금(IMF)과 국제부흥개발은행(세계은행)이 설립된다.

이런 상황은 타의 추종을 불허하는 압도적인 부와 무력을 가진 미국의 실력을 배경으로 실현된 것이지만, 다른 축으로 여겨진 소련과 국제 공산주의 운동과의 협력 관계도 필요했기 때문에 결국 균형이 무너지거나 예측을 불허하는 불안정한 요인을 내포하고 있었다.

그 결과, 독일의 분할 지배, 동독에 고립된 베를린의 분할이라는 변칙적인 사태가 나타났다. 그런데다 비정상적인 결과를 초래한 것은 동유럽이다. 해방군이 변해 점령군이 된 소련군은 무작정 친소련적인 괴뢰 정부를 만들고 소련의 방위를 위한 위성국을 만들었다. 헝가리, 불가리아, 폴란드 등이다.

미국·영국·중국·소련 주도의 전쟁 처리와 전후 체제

1941년 8월 — 대서양 회담
`미국` 루스벨트 `영국` 처칠

전후 민주주의와 국제 협조를 표명한 대서양 헌장의 발표 등

1943년 1~3월 — 카사블랑카 회담
`미국` 루스벨트 `영국` 처칠

반연합군 측의 무조건 항복의 원칙 확인 등

1943년 11월 — 카이로 회담
`미국` 루스벨트 `중국` 장제스 `영국` 처칠

일본 처리 방침을 결정한 카이로 선언을 발표

1943년 11월 — 테헤란 회담
`미국` 루스벨트 `영국` 처칠 `소련` 스탈린

독일 처리 방침을 확인

1944년 8~10월 — 덤버턴 오크스 회의
`미국` 루스벨트 `중국` 장제스 `영국` 처칠 `소련` 스탈린

모스크바 선언(1943년)에 기반을 둔 국제 연합 구상을 구체화

1945년 2월 — 얄타 회담
`미국` 루스벨트 `영국` 처칠 `소련` 스탈린

독일과 일본 처리 방침을 확인

1945년 6월 — 샌프란시스코 회의
`연합국` 50개국의 대표

국제 연합 헌장을 채택

1945년 7월 — 포츠담 회담
`미국` 루스벨트 `영국` 처칠 → 애틀리 `소련` 스탈린

독일과의 포츠담 협정 체결과 일본에 대한 포츠담 선언 발표

우에노 동물원의 코끼리, 일본과 인도의 인연 전쟁 중에 미군의 폭격으로 우리가 망가져서 맹수와 대형 동물이 도망쳐 나와 시민한테 위해를 가하지 않도록 독살 처분이 행해졌다. 코끼리가 죽었을 때는 모두 울었다. 이것을 들은 인도의 네루 수상은 전후 '인디라'라는 자신의 딸 이름을 붙인 코끼리를 우에노 동물원에 기증했다. 그 후에도 몇 마리를 더 기증했다.

76 전후 혼잡한 틈을 타 독립, 사회주의 국가를 선언하다

농촌의 토지 해방을 꾸준히 축적해 국민당을 추방하다

일본의 패배가 명백해지고 중국과 만주에서 철퇴하자, 광대한 공백 지대가 생겼다. 남겨진 일본의 방대한 자산, 군수 물자의 쟁탈을 두고 장제스의 국민당과 마오쩌둥의 공산당이 대립하면서 다시 내전 상태에 빠진다.

장제스는 헌법을 발포하고 자신이 총통으로 취임하면서 중화민국이 미국, 영국, 프랑스, 소련과 어깨를 견주는 5대국 중 하나가 되는 꿈을 외치지만, 국책이 수반되지 않고 국민당 내부의 전통적인 부패와 오직이 두드러져 지지를 받을 수 없었다. 이에 반해 마오쩌둥은 후진국의 실정에 맞는 '신민주주의론'을 외치며 농촌부터 개혁을 진행했기 때문에 친근감을 얻으면서 세력을 확대할 수 있었다. 농촌에서 도시로 치고 올라가는 독특한 전략으로 국민당이 둥지를 틀고 들어앉아 있는 도시로 공격해갔다.

승부는 불 보듯 뻔했다. 장제스는 대륙에서 추방되어 대만으로 본거지를 옮겨 대륙의 반공과 지배권 회복을 이념으로 목숨을 부지하는 집단이 되었다. 그 사이 마오쩌둥은 1949년 9월 '인민 정치 협상 회의'라 칭하고, 전국에서 지지자를 모아 중화인민공화국 성립을 선언한다.

마오쩌둥은 주석으로 국가 원수가 되고, 정부의 중심에는 저우언라이(周恩来) 수상이 앉았다. 그리고 바로 염원이던 토지 분배와 기업의 국유화를 실현했다. 소비에트·러시아와 독일의 선진국형 혁명이 아니었기 때문에 아시아 각지의 반식민지, 독립 전쟁을 짊어진 자들에게 좋은 모델로 여겨졌다. 그러나 산업 기반을 지탱하는 중화학 공업이 없고 산업의 기본이 농업이다 보니 진화와 발전에 진척이 없어 선진국의 자본과 기술의 투입으로 달성할 수밖에 없었다.

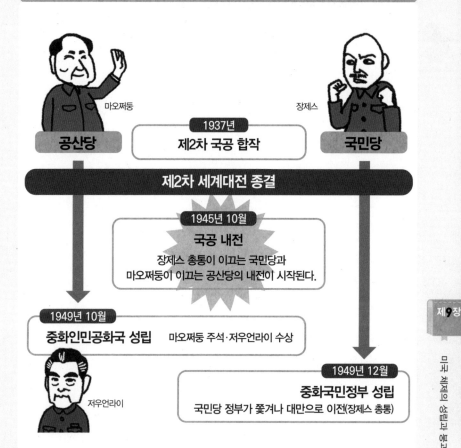

2개의 '중국'

마오쩌둥 · **공산당**

장제스 · **국민당**

1937년
제2차 국공 합작

제2차 세계대전 종결

1945년 10월
국공 내전
장제스 총통이 이끄는 국민당과
마오쩌둥이 이끄는 공산당의 내전이 시작된다.

1949년 10월
중화인민공화국 성립 마오쩌둥 주석·저우언라이 수상

저우언라이

1949년 12월
중화국민정부 성립
국민당 정부가 쫓겨나 대만으로 이전(장제스 총통)

Column

처칠의 명연설, '철의 장막'

1948년 영국 수상인 처칠이 동서 냉전 시대의 시작을 알리는 유명한 연설을 했다.

즉, 소련이 발트해부터 아드리아해에 이르기까지 '철의 장막'을 치려 한다고 말하며 소련에 대한 불신감을 분명히 표명했다. 조선 분할, 중국 내부의 국공 내전, 동유럽의 소련권 편입이라는 형태로 공산권의 공세가 계속되고 있어서 미국이 경제적·군사적 지원에 나서는 계기가 되었다는 연설이었다.

이후 전후 세계에는 2개의 초강대국인 미국과 소련 중 한쪽 진영에 속해야 존속할 수 있게 되었다. 일본은 미국을 맹주로 하는 자유주의 진영에 속했다.

77 미국과 소련이 격돌하다

전후 일본의 운명을 결정한 한국 전쟁

동서 대립이 깊어지는 동안 남북으로 분단된 한반도 통일을 둘러싼 관계국들의 모순이 한꺼번에 분출한다.

1950년 6월에 북한(조선민주주의 인민공화국)의 무장 세력이 휴전선을 넘어 대한민국에 침입한다. 이 무장 세력은 조선반도의 남단까지 밀고 갈 기세로 공격해 내려왔다. 국제 연합의 안전보장이사회는 바로 북한의 침략이라고 단정하고, 미국군을 중심으로 한 국제 연합군을 한국에 파견한다.

국제 연합군은 북한의 무장 세력을 휴전선까지 내몰고 중국 국경까지 추격했는데, 중국 공산당이 인민의용군의 파견을 결정한 후 북한의 무장 세력과 합류해 일진일퇴를 반복하게 된다.

그리고 38도선을 가운데 두고 고착 상태에 빠졌는데, 북한 측의 소련이 평화를 제안하여 1953년 7월에 휴전 협정이 성립하고, 그 상태로 38도선이 휴전선이 되었다. 이후 베를린 장벽이 붕괴한 지금도 여전히 국경과 다름없는 선으로 정착해 있다.

미국은 한국 전쟁의 발발과 동시에 일본에 '경찰 예비대'라는 경찰 모습을 한 군대 비슷한 부대를 설치하고 그 이듬해에는 '샌프란시스코 강화 조약'을 체결해 서둘러 일본을 독립시키는 한편, '미국·일본 안전 보장 조약'을 체결하여 공공연하게 일본을 후방 기지로 삼는 아시아 방위를 구상한다.

그 덕분에 일본은 주권을 회복해 겨우 독립 국가로 첫발을 내딛게 되는데, 안보 조약은 전후 일본의 재건을 도모하는 기본 노선이 되고 일본은 오로지 경제 부흥에만 전념한다.

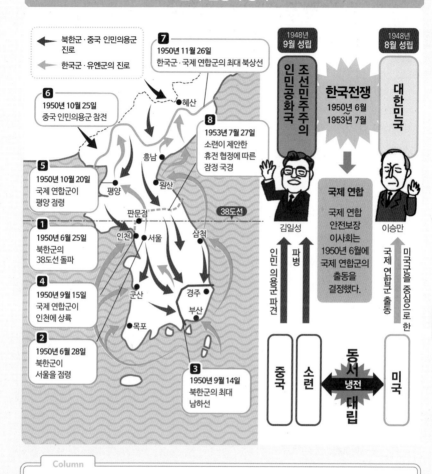

북한군·중국 인민의용군 진로

한국군·유엔군의 진로

7 1950년 11월 26일 한국군·국제 연합군의 최대 북상선

6 1950년 10월 25일 중국 인민의용군 참전

5 1950년 10월 20일 국제 연합군이 평양 점령

혜산

8 1953년 7월 27일 소련이 제안한 휴전 협정에 따른 잠정 국경

흥남

원산

평양

판문점

38도선

1 1950년 6월 25일 북한군의 38도선 돌파

인천 서울

삼척

4 1950년 9월 15일 국제 연합군이 인천에 상륙

군산

경주

부산

2 1950년 6월 28일 북한군이 서울을 점령

목포

3 1950년 9월 14일 북한군의 최대 남하선

1948년 9월 성립

조선민주주의 인민공화국

김일성

1948년 8월 성립

대한민국

이승만

한국전쟁 1950년 6월 ~ 1953년 7월

국제 연합 국제 연합 안전보장 이사회는 1950년 6월에 국제 연합군의 출동을 결정했다.

인민 의용군 파견

파병

인민 의용군 파견

국제 연합군 출동

미국군을 중심으로 한

중국 소련

동서 냉전 대립

미국

제**9**장

미국 체제의 성립과 붕괴

Column

자위대의 탄생과 요시다 시게루의 결단

샌프란시스코 강화 조약이 발효됨에 따라 일본이 독립을 회복하자마자, 요시다 시게루(吉田茂) 내 각은 경제 부흥을 진행하면서 자위대의 전력 증강에 주력한다.

경찰 예비군은 강화 조약의 발효와 더불어 1952년에 안보대가 개조되고 해상 경비대도 신설되었 는데, 2년 후에는 미국의 군사·경제적 지원을 받아 자위력의 강화도 꾀한다. 보안대와 상하이 경 비대를 통합하고 또한 항공 부대까지 설치해서 자위대를 발족하고 방위청을 신설한다.

그리고 평화 조약의 조인과 함께 체결된 미일 안전 보장 조약, 소위 안보 조약으로 일본은 주둔군 에 기지를 제공하고 주둔 비용을 분담하게 된다.

78 소련의 지배에서 벗어나 민주화와 자립을 위해 싸우다

니키타 흐루쇼프의 평화 공존 노선이 낳은 '동유럽의 봄'

1956년 2월 소련 공산당 제20회 대회에서 니키타 흐루쇼프 서기장은 자유주의국가와의 평화 공존 노선을 제창한다. 동서 냉전 시대의 종결을 의도하는 긴장 완화 정책을 내놓은 것이다. 또한 장기간에 걸친 스탈린 시대의 개인숭배나 부당한 억압, 처형을 비판하면서 자유화의 입장을 밝혔다.

이 니키타 흐루쇼프의 발언은 전통적인 소련의 대외 전략을 근본부터 흔드는 것이 되었고 강제적인 소련 지배하에 놓여온 동유럽에 예상치 못한 영향을 주었다. 갑자기 찾아온 봄에 설레며 기뻐하듯이 민주화와 자립의 파도를 일으켰다.

폴란드에서는 같은 해 6월 포즈난에서 생활 개선과 민주화를 요구하는 운동이 시작되었다. 4개월 후에 헝가리에서 소련 지배에 항의하는 데모가 시작되고 전국적인 반소 폭동으로 발전했다. 처음에는 지도부의 교체를 통해 자유화 노선으로 전환한 것처럼 보였는데, 이는 한순간의 꿈이었다.

소련군이 직접 개입하면서 자유화와 자립화의 움직임을 탱크로 짓밟고 헝가리 수상 너지 임레는 사형되었다. 결국 니키타 흐루쇼프가 평화 공존이나 비판의 자유라고 해도 말뿐으로, 탱크로 헝가리 국민의 자유를 짓밟은 것처럼 전후 세계 체제에 변화를 초래하지는 못했다.

진실을 추적해 보면 대륙간탄도미사일(ICBM)의 개발 경쟁이나 인공위성을 쏘아 올리는 경쟁 등 과학 기술의 개발 경쟁을 배경으로 미국과 뒤에서 교섭하거나 직접 담화로 거래하는 수법에 지나지 않았다. 여기에 대응한 미국의 지도자는 아이젠하워나 케네디였다. 진정한 민주화는 한참 후의 일이다.

머지않아 고르바초프가 등장한다.

반소 폭동과 그 진압

1953년	스탈린 사망

1956년	소련 공산당 제20회 대회에서 서기장 니키타 흐루쇼프가 스탈린을 비판하여 '해빙'의 기운이 뚜렷해진다.

니키타 흐루쇼프

반소 폭동

폴란드	헝가리
소련군의 출동을 거절하고 자주적으로 해결하여 자유화로 가는 첫발이 된다.	소련이 직접 군사 개입을 한다. 수상이 처형되고 체제의 변화는 초래하지 못했다.

체코슬로바키아에서 자유화 운동

소련 등 바르샤바 조약 기구**의 군사 개입으로 진압된다.**

Column

헝가리 폭동이 남긴 씨앗 한 톨

헝가리의 반소 폭동이 소련군의 탱크로 짓밟힌 후 동유럽은 다시 침묵의 시대로 가라앉지만, 확실히 다음 시대를 맞이할 준비가 시작된다.

중국과 소련의 대립이 표면화되자 알바니아가 1961년에 소련과 국교를 단절하고 루마니아는 소련 중심의 코멘코나 바르샤바 조약에 반발해 독자 노선으로 전환한다.

1968년에는 체코슬로바키아가 자유화와 민주화를 진행하면서 소련과 전면 대결한다. 일시적으로 '프라하의 봄'으로 전 세계에 보도되었다. 하지만 예상대로 소련군의 탱크에 짓밟혀버렸다.

하지만 현재 동유럽국가들은 마침내 오랜 염원인 자유의 봄을 구가하고 있다.

스탈린 비판의 계기가 된 니키타 흐루쇼프 1956년 2월에 소련 공산당 제20회 대회에서 니키타 흐루쇼프 서기장이 스탈린을 지목하고 비판해 세계를 놀라게 했다. 레닌의 집단 지도를 무시하고 당 대회나 중앙위원회를 열지 않았다. 반대파도 대량으로 총살했다. 이기적인 개인영웅주의를 밀어붙였다는 비판을 받는다. 이로써 소련의 해빙이 시작된다.

79 통합을 목적으로 한 서유럽 국가들의 희망인 경제 협력 사업

전후 부흥 사업에서 탄생한 서구 세계의 통합 플랜

1952년에 프랑스 외무 장관 로베르 쉬망의 제안으로 프랑스, 서독, 베네룩스 3국, 이탈리아 사이에서 '유럽 석탄 철광 공동체(ESSC)'가 발족한 것을 계기로 유럽 통합의 움직임이 나타난다.

그 결과, 1958년에 유럽 경제 공동체(EEC)와 유럽 원자력 공동체(EURATOM)가 탄생하고, 가맹국 상호 간의 관세를 낮추면서 자본과 노동력 이동의 자유화, 상업과 농업의 공동 정책이 실시된다.

유럽 통합 계획은 더 진행되어 1967년에는 앞에서 언급한 3개의 기관이 통합해 '유럽 공동체(EC)'가 탄생한다. 자신감을 얻은 프랑스는 미국, 영국, 소련에 이어 핵보유국이 되고 독자적인 외교 방침을 채용한다.

1964년에 중화인민공화국을 승인, 1966년에는 북대서양 조약 기구(NATO)에 군사 협력을 거부한다. 그러나 1968년 5월 혁명으로 샤를 드 골은 퇴진하고 프랑스의 독자적인 외교는 실패로 끝난다.

영국은 원래 EEC에 참가하지 않고 1960년에 '유럽 자유 무역 연합(EFTA)'을 결성해서 대항하지만, 파운드 절하로 궁지에 몰리면서 1973년에 아일랜드, 덴마크와 함께 EC에 합류한다.

이렇게 종전 직후 그리스와 터키에 공산주의가 침투하는 것을 방지할 목적으로 움직인 트루먼 독트린의 목적과 맞물려 유럽 전체의 경제 부흥을 목적으로 한 서유럽의 통합과 통일은 서서히 형태를 갖추기 시작했다. 그러나 현재 유럽은 영국의 EC 탈퇴로 다시 시련의 때를 맞이하고 있다.

유럽 통합의 승리자는 누구일까?

코민포름
(공산당 정보국)

1947년 10월 소련을 비롯한 9개국의 공산당이 마셜 플랜에 대항하는 조치로 조직한 것

당시의 가맹국 유고슬라비아는 마셜플랜을 수락했다는 이유로 제명되었다.

1949년에 동독이 신규로 가맹했다.

마셜플랜·유럽
(경제부흥 지원계획)

1947년 6월 미국의 국무장관 조지 마셜이 세계대전으로 피폐해진 유럽 국가들에 대한 경제 지원과 소련의 체재 정비를 위해 제안한 것

1948~1951년 사이에 실시되었고, 말기에는 군사 동맹적인 색이 짙어졌다.

제9장

미국 체제의 성립과 붕괴

Column

EC의 단일 통화, 유로의 공죄

1999년, EC는 유럽 공동체의 꿈이던 유럽 통합과 통일을 상징하는 단일 통화 유로를 발행했다. 20년째를 맞이한 2019년 1월에 유럽 연합(EU) 본부는 축제 기분에 휩싸여 즐거운 축배를 들었다. "유로는 20년 동안 우리에게 번영과 안정을 가져왔다"라는 견해도 있고 "그리스를 시작으로 책무 위기가 표면화된 경제 격차도 생겼다"라는 견해도 있다.

유럽의 통합과 통일은 공과 죄는 차치하고 다시 분열 항쟁이 시작될 우려가 있다.

초국가주의적인 기관 유럽 공동체 유럽 공동체(EC)라는 초국가주의적인 기관에 각 가맹국의 권한을 양보하지는 않지만, 유럽적 규모로 협력 세휴하는 정책의 틀은 증가한다. 첫째는 경제 협력, 둘째는 정치 협력, 셋째는 사법·경찰 협력이다. 점점 늘어나고 있지만, 명분만으로 실질적인 권한은 없다. 앞으로 어떻게 될까?

80 미국과 소련의 지배에 저항하는 토착민의 독자적인 민족 독립 전쟁

프랑스에 굴하지 않고 강대국을 이긴 자주독립

남북으로 분단된 베트남에서는 1960년 남북통일 그리고 독립을 목적으로 한 전쟁이 시작되었다. 북베트남 민주공화국의 지원을 받아 남베트남 공화국에 만들어진 남베트남 민족 해방 전선이 활발하게 움직이기 시작했다.

한반도의 남북 대립과 전혀 다른 면은 남과 북의 민족 해방 전선이 일체가 되어 같은 운명으로 단단하게 묶여 있다는 점이다. 북베트남을 베이스캠프로 해서 남베트남의 비공식 조직이 '호찌민 트레일'이라는 전국으로 확장되는 비밀 경로를 통해 밀접하게 연결되어 있었다. 미국의 괴뢰로 변한 남베트남의 응오딘지엠 정권이 쿠데타로 무너지고, 민족 해방 전선 세력이 급격하게 확장하였다. 남베트남의 해방과 독립은 시간문제였다. 그런데 분노한 미국은 남베트남에 공중 폭격을 개시한다. 남베트남에서도 최대 인원을 동원(50만 명)하여 게릴라로 변한 민족 해방 전선 병사와 싸웠다.

전쟁터에서는 정글과 집락을 불문하고 병사와 민간인 구별은 물론, 남녀노소 상관없이 모든 곳에서 전쟁이 벌어졌다. 최신 무기로 무장한 미국 병사가 삿갓 쓰고 고무신 신은 농민 복장의 민족 해방 전선을 상대로 싸우는 일에는 상식이 통하지 않았다.

결국 곤경에 빠진 미국은 북베트남의 공중 폭격을 중단하고 평화 교섭을 시작했다. 존슨 대통령에서 닉스 대통령으로 바뀌면서 미국군의 철퇴가 시작되고 1975년 4월 북베트남군과 민족 해방 전선은 남베트남의 수도 사이공(현재의 호찌민)을 제압한다. 그리고 이듬해에 염원하던 남북 베트남을 통일한다. 실로 전전의 프랑스와 시작된 전쟁부터 헤아려보면 반세기를 넘는 긴 시간에 걸친 식민지로부터의 독립, 민족 해방의 전쟁이었다.

베트남이 통일될 때까지

1945년 9월 베트남 민주공화국 성립(호찌민 대통령)

1946년 12월 인도차이나 전쟁 개시

1949년 6월 프랑스가 베트남국 수립(바오다이 주석)

1954년 7월 제네바 회담에서 인도차이나 전쟁 종결
북베트남과 남베트남의 경계는 북위 17도선으로

1955년 10월 베트남국의 응오딘지엠 수상이 바오다이 주석을 추방하고
베트남 공화국을 수립(응오딘지엠은 대통령으로)

1960년 12월 통일을 목표로 한 베트남 민주 공화국의 지원을 받아
베트남 공화국에 남베트남 민족 해방 전선을 결성

1965년 2월 미국의 북베트남 폭발로 베트남 전쟁 개시

1973년 1월 베트남 평화 협정이 조인되고
미국군은 베트남 공화국에서 철수 개시

1976년 7월 베트남 사회주의 공화국이 성립하고
통일 완성

Column

호찌민과 베트남 잔류 일본 군인

일본 패전 후 잔류 일본 군인들은 호찌민이 만든 베트민(베트남 독립 동맹회)이 경영하는 사관 학교의 교관으로 근무했다.

인도차이나 주둔군 참모인 이가와 세이(井川省) 소령은 전투 지휘, 야간 전투 훈련 등의 기술과 전술을 지도하고 그 부하들도 베트민에 협력했다. 이름을 기억하는 사람만도 760여 명이나 된다. 상당히 큰 부대가 되었지만, 전투 기록은 없다.

소련과 중국 공산당에서 무기 공급과 군사 지원을 받을 때까지 미처 도망치지 못한 프랑스군의 하급 장교도 잔류 일본 군인과 함께 교관으로 일했다고 한다. 구일본군도 베트남 독립 전쟁에 가담했던 것이다. 그러나 이후의 행방이 묘연해 알 수 없다.

일본인과 닮은 베트남인 베트남인은 일본인과 닮은 점이 많다. 베트남인은 공공 정신을 존중하고 사람 간의 상호 협조성이 있다. 연장자, 특히 노인을 존중한다. 그리고 집중력이 있어서 섬세한 작업에 능숙하다. 손재주가 있고 근면한 사람이 대부분이다. 일본인이 배울 점이 많다.

81 사회주의 신화를 붕괴시킨 고르바초프

강직화된 사회와 경제의 왜곡을 바로잡는 페레스트로이카의 충격

1985년 3월 고르바초프가 소련 공산당의 서기장으로 선출된다. 그리고 갑자기 '글라스노스트(정보 공개)'를 부르짖었다. 연달아 노장 지도자 브레즈네프, 안드로포프, 체르넨코가 죽자 젊은 지도자인 고르바초프가 나설 차례가 된 것이다.

고르바초프가 갑자기 '글라스노스트(정보 공개)'라고 부르짖은 이유는 너무나 정체된 소련 경제 사회의 상태를 타파하기 위해서는 현실을 알 필요가 있다고 느꼈기 때문이다. 그리고 기회를 엿보다가 내놓은 것이 '페레스트로이카(개혁)'였다. 고르바초프한테는 이것이 진짜 목적이었다.

이때 공표된 것이 체르노빌 원자력 발전소(우크라이나) 사고였다. 그 사고는 소련 경제 사회에서 흔히 볼 수 있는 관료주의적인 관리 체제와 날림 대응으로 인한 결함이 집중적으로 드러난 사고였다. 개혁의 필요성은 긴급하고 가장 중요한 과제로 인식되었다.

사회 구조도 바꿔야 했다. 공산당 독재에 마침표를 찍고 복수 후보자 선거에 의한 연방 인민 대의원 대회, 연방 최고 회의가 실시되었다. 초대 대통령에는 고르바초프가 선출되었다.

가장 중요한 생산·경제 조직도 공산당 독재, 일극 집중, 중앙 지령형이 아닌 시장 경제로 이행하여 혼란을 각오하고 수요와 공급을 원칙으로 한 경제 활동이 시작되었다. 이것은 오랫동안 축적된 불합리와 오류, 왜곡을 수정하는 변혁으로 이러한 투쟁에 나서는 것이 고르바초프의 바람이었다.

개혁의 빛은 옐친한테 넘어가고 푸틴으로 계승되었다.

고르바초프의 소련 개혁

고르바초프

옐친

푸틴

1968 ~ 1986년

안드로포프, 체르넨코의 뒤를 계승해 고르바초프가 공산당 서기장으로 취임

⬇

정보 공개(글라스노스트)에 의한 언론의 자유를 내세우다.

⬇

페레스트로이카(개혁)로 정치와 경제·사회 체제의 전면 수정 작업을 시작하다.

1988 ~ 1990년

소비에트형 민주주의를 수정하고, 복수 후보자 선거에 의한 연방 인민 대의원대회·연방최고회의제를 실행하다.

강대한 권한을 가진 대통령제를 도입하고 고르바초프 자신이 취임하다.

Column

두 사람의 계승자, 옐친과 푸틴

고르바초프는 항상 방긋방긋 웃는 얼굴이 잘 어울리는 신사였다. 사람을 행복하게 만드는 인상이었다.

옐친은 왜 그런지 알 수 없지만, 항상 초조와 호통을 달고 살았다. 주변에서 모르는 사람이 없을 정도의 알코올 중독자로 코냑을 손에서 놓지 않는 사람이었다.

그렇다면 푸틴은? 유도를 하고 겨울 수영을 즐기고, 언뜻 청결한 인상을 풍기지만, 사실 원래 KGB의 비밀 정보 기관원이었다고 하면 고개가 끄덕여진다.

소련은 소멸했지만, 구러시아 제국과 비슷한 공동체가 출현하고 있는 것 같다. 다시 고르바초프가 앞으로 나설 차례는 없을까? 아까운 인물이다.

'소련'의 정식 명칭은? 러시아·소비에트 연방 사회주의 공화국? 간접 민주주의를 거부하고 노동자의 조직 소비에트(평의회)를 기초 단위로 최고 단위까지 축적해 나간다. 그러나 그것이 기능한 일은 한 번도 없다. 계속 공산당이 소비에트를 지배하는 독재 국가였다.

82 베를린 장벽의 붕괴와 동서 독일의 합류

동서 냉전의 장벽이 붕괴된 후 남은 산적한 과제

1989년 10월 동독의 호네커 사회주의 통일당 서기장이 갑자기 해임되었다. 그 이유는 동독 국민의 다수가 서쪽으로 이주해 개혁을 요구하는데도 국민의 요구를 진정시키지 못했기 때문이다. 그리고 베를린 장벽의 개방을 요구하는 목소리가 높아지고 드디어 11월에 개방된다.

기쁨으로 끓어오른 베를린 시민은 장벽을 망치로 두드려 부수거나 벽 위에 올라타 뛰어넘는 등 각자의 방식대로 감동과 기쁨을 표현하며 난무했다. 세계의 모든 사람은 자신의 눈을 의심하며 '베를린의 기적'으로 보고 계속 주시했다.

이후 동독에서 독일 통일을 부르짖는 목소리가 높아져 1990년 봄 자유선거를 실시하자, 조기 통일을 주장하는 보수 연합인 '독일 연합'이 압승한다. 동서 독일과 미국, 영국, 프랑스, 소련의 외무성 장관 회의가 열리고, 통화·경제·사회 조직의 통합 절차가 승인되었다.

독일의 통일은 서독에 의한 동독의 흡수 합병 형태로 진행되지만, 반세기 이상에 걸친 분열과 대립을 강요당한 후유증의 흔적이 커서 경제적인 각 차와 문화적인 차이를 메우는 작업은 이만저만한 어려운 일이 아니었다.

그래도 동독에는 서독이라는 강력한 파트너가 있어서 다행이다. 하지만 헝가리, 체코슬로바키아, 불가리아, 루마니아, 폴란드와 같은 동유럽은 자력갱생 외에는 방법이 없었다. 유고슬라비아와 같이 오히려 지역 대립과 민족 대립이 분출해 내전을 일으키는 나라도 생겼다. 여전히 재건 중이다.

독일이나 동유럽 국가들의 개혁에서 나타나는 공통점은 비공산화로, 국기 등을 변경할 때 모든 나라에서 '낫과 망치', '붉은 별'이 소멸되고 있다.

독일 통일의 발자취

1933년	**나치스 독재에 의한** 제3 제국
1945년	**패전으로** 연합국이 점령
1948년	베를린 봉쇄

| 1949년 | 독일 연방 공화국**(서독)과** 독일 민주 공화국**(동독) 성립** |

동서 분열

1961년	**동독이** 베를린 장벽 구축
1971년	**동독에 호네커 정권 탄생**
1989년	**호네커 퇴진** **동독이** 베를린 장벽 해방
1990년	**서독이 동독을 흡수해** 동서 독일이 통일

통일

Column

폴란드 노조, '연대'의 활약

1980년에 폴란드 정부에 항의하는 파업이 시작되었다. 바웬사 의장이 이끄는 자주 관리 노조 '연대'에 참가하는 노동자가 급격하게 증가하면서 개혁 운동이 전국으로 확산된 것이다.

이듬해에 정부는 계엄령을 선포하고 '연대'를 억제하기 시작했지만, 이미 정부가 감당할 수 없을 정도여서 헌법 개정으로 회유하려고 하자 바웬사 의장이 대통령 선거에 입후보하여 보기 좋게 당선해 정부의 중심에 앉는다. 소련의 무력과 공포 정치로 유지되던 동유럽 사회주의는 사실상 이 시점에서 붕괴가 시작된 것이 아닐까? 사회주의자를 표방하는 반사회적 세력은 이미 종언의 시기를 맞이한 것이다.

역사상 가장 멋진 착각 1989년 11월 9일 동독 정부는 출국 규제를 완화하는 개정안을 가결한다. 이후 기자 회견에서 정부 보도관이 '언제부터 발효되냐?'라는 질문에 '지금 즉시'라고 대답했다. 사실은 이튿날이었다. 착각한 사실을 나중에 알게 되었지만, '역사상 가장 멋진 착각'으로 회자된다.

83 시장 경제 제도를 도입해 '세계의 공장'으로 달러를 벌었지만, 지금은?

국제금융센터 홍콩을 둘러싼 중국과 영미의 금융 공격전

전 중국 총리 리커창은 2020년의 전국 인민 대표 대회(전인대)가 끝난 후 기자 회견에서 "올해 중국 경제는 플러스 성장을 달성할 수 있다"라는 발언을 했다. 이 말은 신용할 수 있을까?

중국 경제와 사회를 대혼란으로 빠트린 문화 대혁명의 마지막 해(1976년)에 중국의 GDP(국내 총생산)는 마이너스 1.6%까지 떨어졌다. 그러자 덩샤오핑의 지도하에서 공산당 일당 독재를 견지한 채 외국 자본의 도입과 경제특구 설치를 추진한다. 더욱이 시장 원리를 도입해 자유롭게 거래할 수 있는 중국 독자적인 '사회주의 시장 경제'를 열었다.

기업 간의 경쟁이 시작되고 중국 경제는 활발해졌다. 역사적인 고성장을 이어가서 2010년에는 일본을 제치고 미국에 이은 세계 제2위가 되었다. 덩샤오핑은 "일부 사람과 지역이 선행적으로 부유해지면 경제 전체의 파이를 확장해서 나라 전체의 부를 실현할 수 있다"라고 주장했다(선부론).

이후 40년이 지난 지금, 그 계획대로 중국 경제가 발전했다고 볼 수 있을까? 고인이 된 전 총리 리커창은 정직하게 말한다. "월수입 1,000위안(약 1만 5,000엔)인 사람이 약 6억 명이 있다. 1,000 위안으로는 중도시에서 방을 얻는 일조차 힘들다."

빈부의 차가 커지고 대규모적인 국유 기업의 편중 정책을 지속하면서 민영 기업에 대한 관리 통제를 강화하는 것은 덩샤오핑이 계획한 시장 경제와는 다른 방향으로 향하는 것이 아닐까?

한편, 시진핑(習近平) 국가 주석은 중국의 주변 각지에서 독선적인 외교를 전개하는데, 미중 전쟁이라 할 수 있는 대립이 시작되었다.

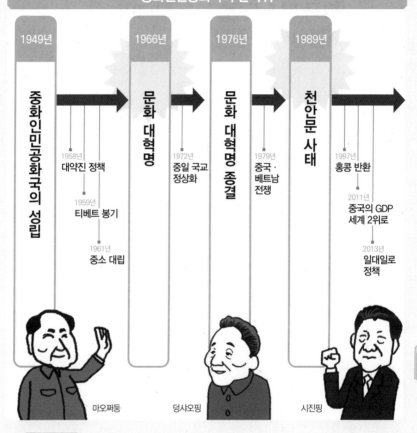

중화인민공화국의 발자취

1949년	1966년	1976년	1989년
중화인민공화국의 성립	문화 대혁명	문화 대혁명 종결	천안문 사태

1958년
대약진 정책

1959년
티베트 봉기

1961년
중소 대립

1972년
중일 국교
정상화

1979년
중국·
베트남
전쟁

1997년
홍콩 반환

2011년
중국의 GDP
세계 2위로

2013년
일대일로
정책

마오쩌둥

덩샤오핑

시진핑

Column

홍콩을 둘러싼 미·중의 줄다리기 게임

「홍콩 국가 안전 유지법」에 의해 홍콩 시민의 자유가 빼앗기고 공산주의 특유의 공포 정치가 이루어지고 있는 것만이 아니다. 국제 금융 센터인 홍콩을 둘러싼 냉철한 대전이 시작되었다.

홍콩에 거점을 둔 영국의 대기업 금융 자본 HSBC는 국가 보안법 지지 의사를 밝히고 미국의 모건 스탠리도 중국 상장 기업의 IPO 인수, 주식 매매에 혈안이 되어 시민의 미래에는 관심을 둘 여유가 없는 분위기이다.

비즈니스의 논리는 냉혹하다.

실수로 본심을 말해 버린 시진핑 중국의 홍콩 통합에 대한 세계적인 비판이 일었을 때 시진핑은 "삼권 분립은 서방(자유주의 진영)의 논리. 중국은 일관한다"라고 말했다. 이는 입법·사법·행정의 논리는 일관적이라는 의미로, '서방'의 용어로 쉽게 말하면 중국이 독재 국가라고 무심코 자백한 것인지도 모른다.

84 '미국 퍼스트'로 전후 체제의 재편성을 노린다

과거 20년 동안의 중국 정책에 실패를 인정하고 철저하게 검증하는 미국

2017년 1월 미합중국의 제45대 대통령으로 도널드 트럼프가 취임했다. 나이는 70세로 역대 최고령 대통령이 되었다. 나이만이 아닌 위세도 당당하고 '미국 퍼스트(미국 제일주의)'를 강조해 화제가 되었다.

전문 연구소 유라시아 그룹은 '마이웨이 미국'이라는 제목으로 리포트를 발표했다. "안전 보장, 무역 및 가치 추진에 미국의 헤게모니(주도권)가 세계 경제의 방위 벽으로 기능했던 '팍스 아메리카나(미국이 주도하는 세계 평화)'도 종언을 고하고 있다."

미국의 압도적인 부와 군사력으로 유지되던 전후 세계는 끝났다. 그리고 미국을 대신해 세계 질서를 주도할 나라가 없는 이상 혼란과 대립이 소용돌이치는 세계가 될 것이다. 그런데 거추장스럽게도 소련 체제가 붕괴한 후 기습하듯 중국공산당이 대두했다.

처음에는 관계가 좋고 이익을 나누는 파트너로 인식되던 중국이 얼마 전부터 180도로 변해 라이벌은 고사하고 적대적인 존재로 인식되어 중국에 대한 정책을 철저하게 검증하기 시작했다(화이트 하우스, 「합중국의 중화인민공화국에 대한 전략적 접근」, 2020년 5월 20일).

중국 공산당은 "자유롭고 열린 규칙에 기반을 둔 국제 질서를 이용하면서 자신들에게 유리한 질서로 변경"(앞의 리포트)하는 것을 꾀하고 있으므로 중국에 접근하는 방법을 전환해야 한다고 단언하고, 폼페이오 전 국무장관은 "세계는 미국인지, 중국인지가 아닌 자유인지, 폭력인지의 선택에 직면하고 있다"라고 분명히 말한다. 미국 정부는 말뿐이 아니라 대범한 대항책을 연이어 발표하고 있어 방심할 수 없다. 일본도 태평하게 있을 수만은 없게 되었다.

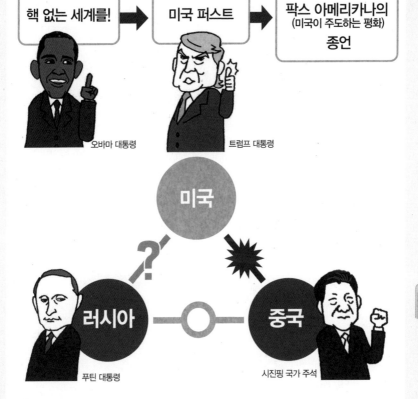

Column

국익을 우선한 전략적 전환을 바란다

트럼프 대통령이 이끄는 미국 정부가 중국 정책의 잘못을 인정한 용기는 칭찬할 만하다. 오바마 민주당 정권은 2015년의 '국가 안전 보장 전략'에서 '협력과 주시'만 언급할 뿐이었다.

하지만 트럼프 대통령은 '미국의 가치와 이익에 정반대인 세계로 전환하려는 라이벌'로 중국을 지명하고 비난했다. 일본도 미국 정부와 마찬가지로 과거 중국과의 관계를 돌아보고, 철저히 검증해 문제점을 모두 파헤치는 보고서를 작성해야 한다.

85 EU 탈퇴는 영국 몰락의 시작인가?

1995년 이후 최대의 GDP 몰락, 전기 대비 20.4% 감소

2016년 6월 23일 영국은 EU(유럽 연합) 탈퇴에 찬성인지, 반대인지를 결정하는 국민 투표를 실시한 결과, 탈퇴 찬성이 51.9%였다. 반대표를 겨우 넘긴 결과였다. 이러한 상황이 반영되었는지 좀처럼 탈퇴 절차는 진행되지 않고 세 번이나 연기되다가 드디어 2020년 1월 31일 오후 11시를 기해 실행되었다.

영어로는 이 탈퇴를 '브렉시트(Brexit)'라고 하는데, 이는 'Brtish'와 'Exit'의 합성어이다. 언어유희는 아니지만, 이렇게 풀어놓고 보니 영국의 종언으로 읽히기도 한다. 처음에는 EU 분담금의 지출 삭감 효과나 경제 효과, 자유 무역의 진행과 같은 이야기가 오고 갔지만, 현실은 어떨까?

2020년 4월에서 5월 분기의 국내 총생산(GDP)은 세계 주요국 중 가장 하락 폭이 커서 실제로 전기 대비 20.4%나 감소한다. '코로나 재난'이라고는 하지만, 기록에 있는 1955년 이후 가장 큰 하락(산케이 신문)이다. 연율을 환산해 보면 59.8% 감소했다. 일본 27.8% 감소, 미국 32.9% 감소, EU권 40.3% 감소와 비교해 보면 단연 눈에 띈다.

이런 경향을 보면 경기 후퇴 국면에 들어간 것으로 보여도 어쩔 수 없다. EU와의 무역 교섭은 난항에 처했다. 2020년 안에 정리되지 않으면 경제 활동은 혼란스러워지고, '노 딜 블렉시트(합의 없는 탈퇴)'와 같은 상황이 될 것이라는 소문이다. 영국의 산업계는 독일 등으로 공장을 이동하기 시작했다고 한다. 그뿐 아니라 스코틀랜드는 독립의 가능성을 언급하기 시작했고 북아일랜드도 아일랜드에 병합될 우려가 등장했다.

그렇게 되면 '작은 영국'이 된다. 멍하니 있을 여유가 없다.

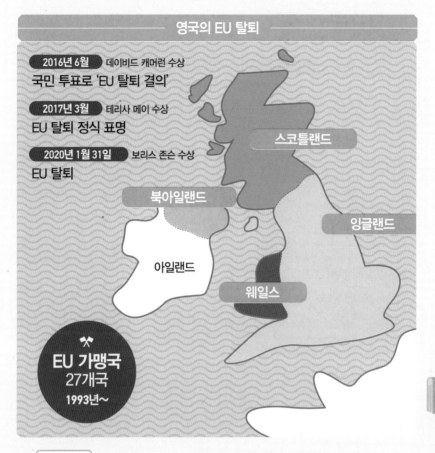

영국의 EU 탈퇴

2016년 6월 | 데이비드 캐머런 수상
국민 투표로 'EU 탈퇴 결의'

2017년 3월 | 테리사 메이 수상
EU 탈퇴 정식 표명

2020년 1월 31일 | 보리스 존슨 수상
EU 탈퇴

스코틀랜드
북아일랜드
잉글랜드
아일랜드
웨일스

EU 가맹국
27개국
1993년~

Column

EU의 남북 격차, 유로의 미래

프랑스 경제학자 토마 피케티는 『21세기 자본』에서 "통화 통합은 자연스럽게 정치, 세무, 재무의 통합으로 연결되고 멤버국들은 더욱 친밀한 협력 관계로 진행될 것이다"라고 말한다.

그러나 가맹국의 경제는 명암이 갈라져 그리스 위기 때는 유로 탈퇴도 모색한다. 영국의 EU 탈퇴만 보더라도 '탈퇴 도미노'가 이어질 분위기가 있었다. 독일과 프랑스가 유로의 덕을 본 반면, 자국 통화로의 복귀를 바라는 나라도 있다.

유럽 통합의 꿈은 이대로 끝나는 것일까? 자유주의 진영의 미래는?

영국의 EU 탈퇴는 재고되지 못하는 것일까? 1952년 프랑스와 서독, 베네룩스 3국(벨기에, 네덜란드, 룩셈부르크), 이탈리아와의 사이에서 맺은 '유럽 석탄 철강 공동체(ESSC)' 결성을 계기로 장대한 유럽 통합의 실험이 시작되었다. 그리고 1967년에 오랜 염원인 유럽 공동체(EC)가 결성된다. 영국은 자국의 이해만 생각하는 것일까?

잠 못들 정도로 재미있는 이야기
세계사

2024. 8. 1. 초 판 1쇄 인쇄
2024. 8. 7. 초 판 1쇄 발행

지은이 | 스즈키 아키라(鈴木 旭)
옮긴이 | 양지영
펴낸이 | 이종춘
펴낸곳 | BM (주)도서출판 성안당
주소 | 04032 서울시 마포구 양화로 127 첨단빌딩 3층(출판기획 R&D 센터)
10881 경기도 파주시 문발로 112 파주 출판 문화도시(제작 및 물류)
전화 | 02) 3142-0036
031) 950-6300
팩스 | 031) 955-0510
등록 | 1973. 2. 1. 제406-2005-000046호
출판사 홈페이지 | www.cyber.co.kr
ISBN | 978-89-315-5819-7 (04080)
978-89-315-8889-7 (세트)
정가 | 9,800원

이 책을 만든 사람들
책임 | 최옥현
진행 | 정지현
교정 · 교열 | 안종군
본문 디자인 | 이대범
표지 디자인 | 박원석
홍보 | 김계향, 임진성, 김주승
국제부 | 이선민, 조혜란
마케팅 | 구본철, 차정욱, 오영일, 나진호, 강호묵
마케팅 지원 | 장상범
제작 | 김유석